书不尽言
言不尽意
有觉圣智
完成人格

辛卯冬 二〇一一年
九四禩童
南怀瑾

孟子与万章

南怀瑾　著述

复旦大学出版社

出版说明

《孟子》是中国传统文化中重要的儒家典籍。孟子生于战国时代,他继承了孔子的精神,始终为人伦正义、为道德政治奔走呼号。所以在《孟子》书中所记述的,不仅是为政的原理准则,更是人人身心道德修养的基本。

《万章》是《孟子》一书七篇中最短的一篇,但也是最引人入胜的一篇。孟子与万章师生二人,针对许多话题,展开一连串针锋相对的妙问妙答,问答犀利又充满禅机,内容所涉及的,有些更是数千年来炎黄子孙心中的疑问。《万章》上、下两篇,主要阐述君道、臣道、师道、友道,以及士大夫、知识分子立身处世、做人做事的大原则,也就是所谓的伦理之道、人伦之道。

《孟子与万章》是南怀瑾先生关于《万章》篇的讲记。南怀瑾先生带领大家深入研读并解析孔孟思想的原义,令读者对于诸多问题豁然开朗。

本书原由台湾老古文化事业公司出版。兹经版权方台湾老古文化事业公司授权,复旦大学出版社将老古公司二〇一六年七月版校订出版,以供研究。

复旦大学出版社
二〇一七年六月

前　言

在《孟子》一书的七篇中,《万章》这一篇最短,但却最引人入胜;原因是孟子与万章师生二人,问答犀利,又充满禅机,内容所涉及的,有些更是数千年来炎黄子孙心中的疑问。

譬如说,尧舜真像历史记载的那么伟大吗?而且,舜的家庭父子之间,是不是真的那样不近人情呢?……

再说秦穆公赠食子思一事,这位《中庸》的作者、孔子的孙子,为什么认为君主是以犬马相待呢?

《万章》下篇中,更有一个铁证,说明宋儒对"不孝有三"的解释是错误的。这个影响我们一千多年的谬解,在《离娄》篇已有说明,在本篇下章,孟子所说"仕非为贫也"这句话,彻底粉碎了朱熹所谓"家贫不仕"为不孝的说法。

对《孟子》一书,后人注释多,误解更多,几千年来的各种不求甚解的说法,对我们先圣先贤造成的误解,太多太多了。

南师怀瑾先生,再次带领大家深入研读并解析孔孟思想的原义，令人豁然于胸；再加孟子和万章师生针锋相对的妙问妙答，故而说引人入胜。

刘雨虹　记
二〇一二年八月于庙港

目录

出版说明 / 1

前言 / 1

万章章句上 / 1

舜是孝子吗 / 4
孟子口中的舜 / 5
未得父母同意而结婚 / 8
舜的父母和弟弟 / 11
圣人如何对待家人 / 13
反对孟子的诗文 / 15
君子也会受骗 / 17
公理和私情 / 18
礼节的问题 / 22
古今对接班人的不同观念 / 25
上古的君王与亲属 / 29
刘邦封的太上皇 / 32

上天创立了公天下 / 35
人神合一 / 38
得民心则得天下 / 40
夏禹为何不禅让 / 43
继承家业的一代 / 46
臣道的标准人物 / 51
伊尹是个厨师吗 / 54
孔子的进退行止 / 60
百里奚助秦的多种说法 / 64

万章章句下 / 71

四种典型的人 / 72
交友三原则 / 79
朋友与政治 / 83
与人交往　礼尚往来 / 86
孟子的真意　朱熹的怀疑 / 88
王贼并称 / 92
孔子的作风 / 95
读书人自立之道 / 100
靠人救济　靠人生活 / 102
供养　培养　畜养 / 104
李白的清平调 / 107
赵州和尚的待人处世 / 110
舜所受的培养 / 111
见国君的条件 / 113
礼的重要 / 116
读书万卷　神交古人 / 121
孟子的真心话 / 122

南怀瑾先生著述目录 / 125

万章章句上

孟子与万章

《万章》上、下两篇的内容，似乎说理的多，而且许多都是前几篇曾经说过的，颇有重复之嫌；但其立意精神，则有其不同之处。

同时，这里也存在一个很大的问题，为什么在《万章》篇中，再三提出有关尧舜的历史故事？而且，自孟子以后，直到现在，后世所知道有关尧舜的历史故事，大多是从《孟子·万章》上、下篇中来的，在《孟子》以前的史料中，很少见到。所以《孟子》中所述有关尧舜的资料是否确实，是一个非常严重的问题。

其次，假如《孟子》中有关尧舜的史料是正确的，为什么他们师生之间，对这些史料再三辩论？其中心的思想，又在什么地方？

《万章》上、下两篇，主要在阐述君道、臣道、师道、友道的关系。中国几千年来，帝王政治制度的建立，与孟子的君道思想，有密切的关系。但是，我们要特别注意，孟子所谓的帝王政治精神，与战国以后、秦汉以来的帝王政治精神，是否有很大的差别？这又是一个大问题了。

同时也可以看出来，几千年以来，儒家所标榜的君臣之道、人伦、社会之间的中国文化，是否与孔孟思想有所出入？这些都是我们身为后代的人，应该注意的地方。

万章、公孙丑都是孟子的学生，《万章》这一篇，等于我们现代文章的题目"与万章同学对话录"一样。在这一篇中，大部分是答复万章问题的记录，所以题为《万章》。本章也分作上、下两篇，其内容、立意与《离娄》章大致相同。但是可以发现，对于孟子的话，弟子们各自的记录都不同；也许对于某一个问题，如果再多问一次，了解得就可能更深入一点。孟子所说的话，也许每人对于重点的掌握不同，因此记录就不同。所以《万章》与《离娄》两篇内容，大原则上可见重复之处，但又并非完全相同；其中重点、讨论目标、意义上又有所不同。而大体上说来不外乎阐释君道、臣道、师道、友道，以及士大夫、知识分子立身处世、做人做事的大原则，也就是所谓伦理之道、人伦之道。

《万章》一开始，就讨论尧舜的问题。看《孟子》全书，几乎每一章都提到尧舜，为什么孟子一再谈尧舜？孔子也谈尧舜，但远不及孟子谈得那么多。《万章》这一章，一开始又谈尧舜的问题，因为这是一个历史问题，所以读《孟子》也是应该特别注意的。

这是古人对上古史的疑案。事实上，对前代的历史，后代都会有存疑的地方。一部"二十五史"，每一人、每一事，资料几乎都不翔实，有很多很多问题。尤其中国儒家，讲到君道与臣道的标准，每以尧舜为标榜，所以尧舜也就成了后世讨论的大话头。宋朝以后，尤其在明朝，对于远古时代的尧舜，怀疑更甚。老实说，在民国初年五四时代，"打倒孔家店"的种子，在几百年前就已经种下了。只不过那是专制时代，考试制度是以孔孟思想为依归的，所以许多人不敢明目张胆地讲出来。否则的话，一个读书人，如果提出这类意见，一生的前途就完了，至少会被踢出"读书人"的圈子，后果就有如此之严重。所以从前有关这类疑古的著作并不多，现代则已经慢慢可以看到了。

现在先看原文的故事，再做讨论。

舜是孝子吗

万章问曰:"舜往于田,号泣于旻天。何为其号泣也?"

孟子曰:"怨慕也。"

万章曰:"父母爱之,喜而不忘;父母恶之,劳而不怨。然则舜怨乎?"

曰:"长息问于公明高曰:'舜往于田,则吾既得闻命矣;号泣于旻天、于父母,则吾不知也。'公明高曰:'是非尔所知也。'夫公明高以孝子之心,为不若是恝。我竭力耕田,共为子职而已矣,父母之不我爱,于我何哉?"

万章问孟子:老师,你说舜是大孝子,舜的父亲、母亲、弟弟都对他不好,逼他到偏僻荒野的地方去开垦。他当然很痛苦,在那里"号泣于旻天",一边流着眼泪,一边悲痛地喊:我的天呀!一个人哭有三种状况,有声无泪为"号",有泪无声为"泣",有声有泪为"哭"。那么你说他大孝,奉父母之命去开垦,"何为其号泣也",为什么他又要流泪大叫呢?孟子说:"怨慕也。"这是他的一种怨慕。当然有怨,他因离开兄弟父母而痛苦,所以怨慕。

这种怨慕的哭,等于从前的新娘子出嫁,本来是喜事,不该哭的,临到上花轿却哭了。因为顿然离开父母和生活了十多二十年的温暖家庭,嫁到别人家去,生活习惯都陌生,因此哭了。舜的怨慕与这个情形相似。

万章又问了:一个真的孝子,如果父母喜欢自己,就高兴,父母对自己的慈爱,是永远忘不了的;假如父母讨厌自己,要你去劳苦，也不应该有怨恨的心理。老天既然安排他们是自己的父母，就没有什么话说，只有顺着父母的心意去做，才是做子女应有的立场和态度。现在舜被赶出门来去垦荒，他却在那里流泪喊天，他是在埋怨。老师曾说他是那么好的圣人，他这样埋怨，总不应该吧！

孟子于是就提出曾子的弟子公明高和他的弟子长息之间的一件事，作为对万章的答复。

孟子说：以前长息对老师公明高，和你万章现在一样，提过这个问题。那时长息向公明高说：舜被父母赶出去垦田，这件事历史相传都是如此。可是舜垦田的时候，在那里怨天尤人，埋怨父母，而大家又说他是孝子，我就不懂这是什么道理了。当时公明高告诉长息说，你还年轻，对于这种道理，不是你可了解的。

孟子说了这段话，继续解释说：一个真正的孝子，在心理上，只有接受、听命。父子之间，没有什么道理可以讨论的，因为讨论起道理来，那就很麻烦了。所以公明高只能说到这里为止。实际上，舜当时的心情是想父母命他去开垦种田，他就尽力去开垦种田；身体是父母生的，生命是由父母那里来的，父母即使要将自己的生命拿去，也只有顺他们的心意做，这是没有办法的。至于父母爱不爱我，对我这个孩子所要求的是对或错，这是父母的事情，和我这个为人子女的毫不相干。做儿女的，只有尽对父母的责任，守儿女的本分而已。

孟子口中的舜

"帝使其子九男二女，百官牛羊仓廪备，以事舜于畎亩之中。天下之士多就之者，帝将胥天下而迁之焉。为不顺于父母,如穷人无所归。

"天下之士悦之,人之所欲也,而不足以解忧。好色,人之所欲;妻帝之二女,而不足以解忧。富,人之所欲;富有天下,而不足以解忧。贵,人之所欲;贵为天子,而不足以解忧。人悦之、好色、富贵,无足以解忧者,惟顺于父母,可以解忧。

"人少则慕父母,知好色则慕少艾,有妻子则慕妻子,仕则慕君,不得于君则热中。大孝终身慕父母,五十而慕者,予于大舜见之矣。"

孟子又说:尧年纪大了,向各地诸侯征求意见,要选一个年纪比他轻、能够继承帝位的国家元首人才,问谁最适合?大家都推荐舜。这是古代的选举,认为他孝道第一,因此尧就要他来,然后将两个女儿,历史上著名的娥皇、女英两姊妹嫁给他。尧还有九个儿子,也都交给舜,听舜的指挥,做他的部下。并且又教舜去管理各种事务,全力培养他,练习到能做皇帝。

尧还把国家的财富、牛羊、稻麦仓储、官吏,都给舜备好,给他指挥或使用。

"皇帝"这一名词,我在之前讨论《论语》及前面讨论《孟子》时,常常提到,大部分都是为解说方便而借用的;真正的含义,是指国家的元首、一国的领袖。春秋战国时,各国的诸侯,如梁惠王、齐宣王等,我每每称之为"皇帝",这都是借用了这个名词,与后世秦汉以下的政治制度上的皇帝,在含义上是不尽相同的。为免概念混淆,特别在这里做一个说明。

当舜被父母赶出来,到远处去垦田的时候,"天下之士多就之者"，许多知识青年，都因仰慕他而跟他走，到他所在的地方开垦，所以荒地很快就被他们建设起来。因此帝尧准备把首都迁到舜新开垦的地方去。

虽然舜有这样的威风，可是他心里还是很难过。因为功名富贵、地位声望，样样都有，但是和父母相处不顺，似乎自己的孝道还没有做好。"惟顺于父母，可以解忧"，一个人飘泊在外，不能与父母相处，所以对自己不满意。

孟子又说：各处的知识分子、青年人都信服于舜，这种情况，谁都希望做到，舜做到了，却觉得并没有多大意思，心里还是有忧。他有两个漂亮的好太太，而且是帝尧的女儿，这也是谁都会高兴的事情；钱，也是人人希望有的，而舜富有天下，国家及天下的财富都由他管理，等于是他的；讲到地位，舜贵为天子，天下第一人。总而言之，一切凡人所希望而得不到的，他都得到了，富贵功名、妻室儿女，样样俱足，但他仍然心忧，因为父母不喜欢他，总认为他不对，所以他始终在烦恼中。

这是孟子对学生讲话，描写舜的大孝到如此的程度，说得很清楚，好像他在旁边看见似的。实际上他和舜相距的时代，至少有一千多年。

孟子又说："人少则慕父母"，一个人在孩童的时代，唯一爱的，只有父母；长大以后，就爱异性朋友，如果和爱人约会，被父母阻止，心里就会非常反感，因为这时是爱情第一了。等到结婚以后，老婆第一，父母在其次，朋友也在其次。到了做官之时，当然对于长官最为推崇、服从、爱护。假使长官，乃至国家元首对他不满，那他就"热中"了，吹牛、拍马、钻营，各种手段、花样都搬出来了。过去说"热中功名"，我说"热中"就是

"发炎",发高烧了,烧得晕头转向,饭也吃不下,觉也睡不着。

孟子说,一个真正的大孝子,从年轻时起就孝顺父母,到老都不会变;乃至于自己都有了子孙时,想到父母,仍像幼年的心情一样。这在现代来说,是唯情主义,是一种至性至真的感情。孝顺也就是人性感情至性的流露,如果连父母都不爱慕,这个人的问题可就大了。但当一个人过了五十岁,而爱慕父母之情,还像小孩子一样,在历史上,只看到大舜如此。

关于舜的孝道,在孟子以前的历史上有过记载;至于将舜的孝说得如此完整无缺、如此之好,则是孟子。

有些年轻人读到这一段,会觉得很烦,实际上,把这些当做经书,当做小说,或当做历史、人生问题来研究,也是可以的。

未得父母同意而结婚

> 万章问曰:"《诗》云:'娶妻如之何?必告父母。'信斯言也,宜莫如舜。舜之不告而娶,何也?"
>
> 孟子曰:"告则不得娶。男女居室,人之大伦也。如告则废人之大伦,以怼父母,是以不告也。"
>
> 万章曰:"舜之不告而娶,则吾既得闻命矣。帝之妻舜而不告,何也?"
>
> 曰:"帝亦知告焉则不得妻也。"

万章有一天问孟子,古诗上说的:"娶妻如之何?必告父母。"娶妻子,无论如何,事先一定要禀告父母,得到父母的同意才可以。对于这句话,舜既是一个大圣人,他应该知道,并且是相信而遵守的。在我国古代的文化习俗上,如果不先禀告父母而结婚,在道德上是一个很严重的问题。即使在现代,除了城市绝大多数家长较开明以外,在其他县市,尤其是乡间,男女相爱,如果不征得父母的同意,仍然不能结婚。即使真的爱得"死"掉了,也是毫无用处,这是几千年来的传统。所以万章认为,舜虽然是奉帝尧的命而结婚,但还是没有得到父母的同意,这也不对。

可见万章这个人,也是喜欢鸡蛋里挑骨头的。不过这个鸡蛋里,好像真的有点骨头似的,被他挑到了;而孟子则非把骨头磨成粉不可。孟子说:假如舜禀告了父母,哪里会获得同意啊!一定就娶不成了。可是"**男女居室,人之大伦也**",现代青年男女谈恋爱,似乎可以引用孟子这句话为借口了。男女结婚,是人伦的大道,舜如果告诉了父母,父母一定不答应,如果结不成婚的话,就是废掉了人伦的大礼法。

现代也有人这样做。曾有一对青年,大学毕业,禀告双方父母,要求允许他们结婚。女方的家长硬是不同意,这对青年无可奈何,请求老师说服女方家长来撮合。这位女方家长说,将来的女婿,需要有三才——人才、钱财、文才。对于这种"三才的人生哲学",这位老师也难以置辞,只有把孟子这里所说的理由,告诉学生:拿了身份证,去结婚生子以后,自然就好了。后来的发展,果真如此,这就是孟子这里所说的,为了真正安慰父母,所以不告而娶。

这是孟子替舜所做的辩护。至于孟子所说的理由,是不是正确,姑且不做评论,大家自己去研究吧。

但是,舜等于被告,万章像是原告,现在,孟子是大舜的律师,替舜做了一番辩论。原告万章再提出理由来说:你说大舜是为了真正安慰父母,才不告而娶,"得闻命矣",我姑且听你的了。这"得闻命矣"四个字,用得很巧妙,等于说,不管你说得对或不对,都听你的吧,但并不见得就心服。可是,奇怪的是,帝尧当时是一国的元首,瞽瞍尽管对舜不好,到底是舜的父亲,帝尧为什么不下一道命令给瞽瞍夫妇,说要将两个女儿下嫁给舜呢?

万章的疑惑,的确有道理。讲礼讲法、讲道德、讲风俗,帝尧都不该这样做的。但孟子说:"帝亦知告焉则不得妻也。"帝尧也知道,舜的父母是很难缠的人,即使他下命令告诉他们,说要将两个女儿嫁给舜,万一舜的父母不同意,作为天子,又要怎么处置才更妥当呢?

试想想看,孟子这一辩护是不是有理?如果孟子所说的这种假设是对的,那么尧也只能两害相衡取其轻了。《孟子》一书,从这里一路下来,都是历史上招致争辩的大问题。我们想想看,孟子答复到这里,他的学生万章,心中信服不信服呢?文字上没有记载,但也会像我们现在一样,心想:孟老夫子呀!你的话讲得真有点不通。所以万章继续问下去:

"父母使舜完廪,捐阶,瞽瞍焚廪。使浚井,出,从而掩之。象曰:'谟盖都君咸我绩。牛羊父母,仓廪父母,干戈朕,琴朕,弤朕,二嫂使治朕栖。'象往入舜宫,舜在床琴。象曰:'郁陶思君尔。'忸怩。舜曰:'惟兹臣庶,汝其于予治。'不识舜不知象之将杀己与?"

曰:"奚而不知也?象忧亦忧,象喜亦喜。"

曰:"然则舜伪喜者与?"

曰:"否。昔者有馈生鱼于郑子产。子产使校人畜之池,校人烹之,反命曰:'始舍之圉圉焉,少则洋洋焉,攸然而逝。'子产曰:'得其所哉!得其所哉!'校人出,曰:'孰谓子产智?予既烹而食之,曰:"得其所哉!得其所哉!"'故君子可欺以其方,难罔以非其道。彼以爱兄之道来,故诚信而喜之。奚伪焉!"

关于舜的弟弟象,跑到舜的家中,对舜撒谎的这一段,在《孟子》以前的上古史资料中,记载少见,只有在《孟子》以后,才有这类的详细记载。万章依据什么历史资料,提出这项问题呢?这是考据家的工作,暂且不去推敲,姑且把它当评书来听。

舜的父母和弟弟

前面已经提过,大家都知道,舜的父母是父顽、母嚚,但是要知道,这一对夫妇并不是平民,也是一方之长。所谓唐尧、虞舜,虞也是上古的诸侯封地,瞽瞍是虞这个封地的一方之长,也很强。以现代的国际局势来做比拟,就像以色列,虽是一个小国家,但也是一个很强的国家。所以舜也不是一个平民。至于舜的父母,为什么会对他不好呢?历史上说,他有一个弟弟,名叫象,是一个大"太保",无所不为,性情又傲,尤其对哥哥不服,而舜的父母溺爱象。他们的母子状况,就像后世春秋五霸的霸主郑庄公的家庭状况一样。

孔子写《春秋》,《郑伯克段于鄢》,把第一个霸主郑庄公的故事放在第一篇，就是指出一个国家社会的风气败坏，是先从家庭开始的。家庭教育做不好，整个教育都坏了，所以家庭教育比学校教育更重要。而家庭教育中，最重要的是母教，孩子在幼儿的时候，母亲对孩子的影响，比父亲的影响更重要。郑庄公的母亲武姜，因为生庄公的时候难产，于是就恨庄公，而爱次子共叔段，成为一种心理变态。

舜的父母也许有同武姜一样的情绪。他们叫舜去"完廪"。什么叫完廪？在以前的农村社会中，当秋收时，将收割的稻谷晒干以后，堆在晒谷场上，以篾编竹围层层围上去，可高达七八层乃至十层，宛如一座圆形的谷塔。最后在顶上加盖一层篾篷，以防雨水浸湿。这种古代堆积稻谷的圆形"谷塔"就叫做"廪"。"廪"是一个象形字，从这个字的结构上，就可以看出它的形状来，可惜现代已经看不到这种廪了，四五十年前我们在乡下农村社会还看得到。"完廪"就是去上面加盖那一层篾篷，完成廪的最后一步工作。

瞽瞍夫妇欲杀掉舜，但到底是亲生的儿子，下不了手，于是叫他去完廪，到好几丈高的顶上盖篾篷。当他爬到顶上以后，他们把扶梯拿掉，在下面放起火来。好在舜有两个好的参谋，就是他的两个太太，知道瞽瞍叫舜去做这件事，大有问题，于是事先为他准备了两个大斗笠，叠着戴了上去。当下面起火的时候，就用两手举起了两个大斗笠（等于现在的降落伞），从空中安全地落下来了。

一次谋害不成，第二次又叫他去挖井，大有活埋他的企图。舜的两个太太教他挖到相当深度的时候，就向横挖，先挖好另一条出路。果然，后来他继续下井去挖时，他的弟弟就把土推下去埋他,而他则从横挖的通道中逃出来了。

可是,这时他弟弟向父母说:"谟盖都君咸我绩。"活埋了都君,都是我的功劳,"**都君**"就是舜,因为他被父母赶去开垦,许多人仰慕他,跟他一起去,大家共同努力下,很快地就把荒地建设起来,成了都市。而他也被大家推举为都君,等于现代的民选市长。象又说,现在哥哥所有的财产、牛羊、仓廪,都给你们两个老的;至于别的东西,干戈武器归我,他那张好琴,也归我,那把弓不错,也归我,还有两个嫂嫂,由我接收好了,也归我吧!

于是,他跑到舜的家里去,准备接收一切了。却不料进门以后,看到舜已经先回家了,坐在那里,正悠闲自在地弹琴。那一种怡然自得的样子,与平常一样,好像从来没有发生过什么危险之事似的。这时,象已经走进门,和哥哥面对面了,他可真是坏得很,对舜说:哥哥,我心里烦闷得很,因为很久没有看见你了,非常想念你。但是他的态度非常不自然,脸也红了,头也抬不起来了,以为哥哥知道了他的阴谋。反过来,也衬托出舜是如此地孝父母、爱弟弟,一点都没有怨恨的样子,对弟弟说:你想我,我也正想念你呀!你看,我这里那么多部下、那么多百姓,都需人管理,而我没有得力的帮手,连一个管总务的也不易找到,你来得正好,我把他们交给你,你来管。

圣人如何对待家人

万章这样引述了这段故事后问孟子:老师!难道舜如此之笨,他弟弟要活埋他的事,也不知道吗?

孟子说："奚而不知也?"哪里会不知道啊！但圣人就是圣人，不像我们一般普通人，别人骂我一句，我要回骂两句，或者打人一老拳。大仁大义的圣人，明知道这种事，可就是要孝父母、爱兄弟，心里不存芥蒂，没有埋怨，一点不高兴都没有。

这种情形，在现代也的确有。过去我在成都，曾经亲见一位出家师父，大家称他为活罗汉，有许多人皈依他为弟子。可是他的一个师弟非常坏，暗中用中药里的毒药，下在食物中将他毒死，再剥光衣服，草席一包，把他埋在成都西门外的乱葬岗。可是这位活罗汉，大概是睡了一大觉，醒来只觉得气闷，于是从泥土中爬出来，可是眼睛看不见了，就在地上爬，被一早进城卖菜的人发现。

因为这位出家师父平日每天凌晨四点钟就起来，游走全城大声念"南无阿弥陀佛"，响如洪钟，已成了成都人的定时闹钟。这一天人们没有听到他唱佛号，感到奇怪，好奇而性急的人，尤其是关心崇敬他的弟子们，都赶到寺中去探听，也找不到他的人。后来经卖菜的救回，他的弟子们，包括有些大官及军界的将领，知道了这回事，非常气愤，硬要把他这个师弟抓去枪毙。可是他不许可，并且斥责弟子们说：我是你们的师父，你们要听我的话，他是我的师弟，我们师兄弟之间的事，你们不必管。你们自以为官大吗？如果你们要管，我就不要你们这样的徒弟，把你们都赶出去。大家听了也没有办法，他所容忍的那还只是师兄弟而已，不像舜，是对父母兄弟的容忍。

看见这位出家师父的这件事情以后，我想到幼年读《孟子》时，读到这一段舜对弟弟的爱心，我当时也非常怀疑，不相信有这样的事情。而眼前这位活罗汉与他的师弟，并非同胞兄弟，也不是关系很密切的人；而且那个师弟也的确坏到了极点，但是这位出家师父竟然还是照样对他包容。这位出家师父的眼睛，过几天也自己治疗好了，由此可知，世上的确有像舜这样的人，更何况舜是对自己的胞弟，当然不会假。不过像这样的人，在人类中很难找到，但人性确有这样仁厚、这样善良的一面。

反对孟子的诗文

这段历史，后世怀疑的人很多，各种怀疑都有。如几十年前名扬一时的厚黑教主李宗吾，前面也已说过，他曾写过一篇文章，就是《我对圣人的怀疑》，论调很怪。他的名字李宗吾，是由明朝名学者李卓吾而来，而这位李卓吾，对于古人的这些问题，对历史的怀疑，早就提了很多，而且都有独到的见解。

最有趣的是，在理学家们非常重视孔孟之道的宋朝，有一位被当时理学家们所尊敬的大儒李觏，字泰伯，南城人，善辩能言文才并茂。因为父母年纪大了，就以教学维生，并照顾父母，当时他的学生常有百人之多。那时候的读书风气、人口数字以及经济情况，与现代比起来，上百的学生，可就等于现在上千乃至更多了。在皇祐初年，范仲淹推荐他为太学助教，后又升任了太学说书。死后被学者们尊称盱江先生，学问好，修养好，并有许多著作。但是他反对两位古圣，一个是孟子，一个是佛陀。

有一次有人送了一坛好酒给李觏，另有一个好饮的读书人，为了喝这个好酒，就设法去拜访李觏，表示自己也是反对孟子与佛陀的，因此得以见面。这人还写了一首骂孟子的诗：

完廪捐阶未可知　孟轲深信亦还痴
岳翁方且为天子　女婿如何弟杀之

李觏读了大为激赏,于是拿出酒来,两人痛饮一场,将一坛酒喝了一半。这个读书人第二次又作了一首诗去骗他的酒喝:

乞丐如何有二妻　邻家焉得许多鸡
当时尚有周天子　何事纷纷说魏齐

于是两人把剩下的半坛酒也喝光了。等到这位读书人第三次再作了一首诗去骗酒喝时,李觏也知道了这个儒生的目的,不过是骗酒喝,于是对他说,你的诗我也不必看了,我的酒已经喝光了。

这两首诗中"当时尚有周天子,何事纷纷说魏齐",这两句最为重要。他的意思是,孟子一直尊崇孔子,以直承孔子的道统自居,而孔子是主张尊王,尊重中央政府,反对诸侯称霸的。孟子的时代,仍有周天子,但孟子却一会儿见齐宣王,一会儿见梁惠王,要他们行仁政,王天下,等于劝他们造反,把周天子又放到哪里去?

他这样指责孟子,不能说不对,这也正是我们要了解《孟子》的地方。孔子推崇文王、武王,捧周朝;孟子也谈文王、武王,但少谈周朝,却力推尧、舜,其心意是主张让贤,恢复禅让,只是口中不便直接说出来罢了。所以这位书生的目的,虽然是骗酒喝的,但还是有读书人的见解。明朝有一个人写了一本书,书名"千百年眼",就是说读历史要有千百年的眼光。这些书，对于历史所提出的问题，都很高明；我们以《千百年眼》来读《孟子》，就可以读通了。孟子这些言行，如果是在秦汉以后，是会被皇帝砍头的，只要把孟子抓来，问一句：你意欲何为？脑袋就掉下来了。

至于孟子的学说，所走文化之路，与孔子尊王的思想是少有不同的，这与时代变化和当时客观的环境，有很大的关系。

君子也会受骗

在《孟子》本文中，万章的辩论还没有完。本来，舜被设计陷害的故事，记述父母弟弟竟然坏到那种程度，原只是传说，并无史迹可考，就如那位书生诗中所说"完廪捐阶未可知"，而孟子却对此深信不疑，似乎太泥古而不化了。现在万章又说：老师！你说的象喜舜亦喜，而他明知弟弟刚下手谋害他，所以舜的喜应是假的，他是不是一个伪君子？

孟子说：不！舜不是伪君子。像以前的郑国名相子产，有人送一条活鱼给他，他吩咐下面管理池沼的官吏，把鱼放到池里去养。这个部下拿回这条活鱼，交给厨房杀死煮好吃了，然后回来报告子产说：这条鱼，我把它放到池里去的时候，它还不大习惯，在水里兜圈子；稍后它习惯了，就游走了。子产说：游走也好，到它喜欢的地方，活得更舒服一些。可是这个池沼小吏出来对人说：大家都说我们的宰相智慧第一，我只这样随便骗他，他就相信了，还欢喜地说："得其所哉！"鱼如愿了，如愿了。

孟子说，从子产的这件事情看来，就可以知道，大有道的人，不是不懂，但以道理来欺骗他，他有时是上了道理的当，

"君子可欺以其方"这句话,就是这样的意思,后来也成了中国的俗语名言。这句话,大家要特别注意,读后会有很多感慨。一个人,匆匆忙忙做了几十年人,也观察了几十年世事,人生与历史,的确是"君子可欺以其方",但可欺骗的,也不过是"君子"而已,大圣人是不可"欺以其方"的。所以上面的领导讲道德、讲学问,下面的人可以用道德、学问去欺骗他;上头喜欢什么,下面就可以用什么去欺骗,这就发生了大问题。一个人宁可做一个被欺骗的君子,也不愿做使用欺骗手段的小人。可是,在处理国家、社会、天下的事,处理别人事的时候,是不能受人欺骗的,否则误人误己。引用佛门的俗语来说,就是"慈悲生祸害,方便出下流"。

孟子又说,对于君子,如果不以正当的道理,就骗不到他。当时象到舜的家中,是说因为想念哥哥而去的,所以舜高兴而相信他。他这种高兴,是真诚的,不是虚伪的。

孟子替舜做的这一种辩护,如果作为律师来说,已经相当高明了,但是,如果原告仍然不服,再向最高法院申辩,那么孟子的这段辩词,还是有瑕疵的,是不够圆满的。

公理和私情

　　万章问曰:"象日以杀舜为事,立为天子,则放之,何也?"

　　孟子曰:"封之也。或曰放焉。"

　　万章曰:"舜流共工于幽州,放驩兜于崇山,杀三苗于三危,殛鲧于羽山,四罪而天下咸服,诛不仁也。象至不仁，封之有庳。有庳之人奚罪焉？仁人固如是乎？在他人则诛之，在弟则封之。"

曰："仁人之于弟也，不藏怒焉，不宿怨焉，亲爱之而已矣。亲之，欲其贵也；爱之，欲其富也。封之有庳，富贵之也。身为天子，弟为匹夫，可谓亲爱之乎？"

"敢问'或曰放'者，何谓也？"

曰："象不得有为于其国，天子使吏治其国，而纳其贡税焉，故谓之放。岂得暴彼民哉？虽然，欲常常而见之，故源源而来。'不及贡，以政接于有庳'，此之谓也。"

万章有一天问：那个象天天以杀掉哥哥舜为他的"专职"，后来舜当了皇帝，却把象放逐了，这又是什么道理？

我们的看法也是如此。如果说因为他是自己的弟弟，这就是私情；前面孟子说了那么多公谊和私情的道理，那么，一个圣人就不应该以私情而害公谊了。万章这里发问的动机，也就是基于这个观点。

孟子说：这个情形不是纯粹的放逐，是封弟弟。只是一般人，把舜的意思弄错了，而说舜放逐了弟弟，认为他对弟弟还有怨恨。

这个孟子的学生万章，大概是李觏一流的人物，对于历史实在怀疑，于是提出来论辩。他又提出共工、驩兜、三苗、鲧四个人来，他们都是尧、舜时期的大坏蛋，是四个团体的领袖。尧在位八十年，没有惩治他们，等到舜接位的时候，下命令说是奉尧之命，把他们充军的充军，放逐的放逐，杀的杀，处理了这四个坏人，全天下的人，没有不表示佩服的。

可是舜的弟弟象，也是一个大坏蛋，反而封给他"有庳"——在现在山东东南海边一带，把这一个地方，划为特区，让他去那里生活。难道有庳这个地方的人有什么罪吗？为什么让这样一个坏蛋去那里残害他们呢？你说舜是仁慈的人，一个仁慈的人应该这样做吗？

这就等于现代报纸上报导的新闻，议员每在会中质询政府，把犯了错误、品行不良的警察，调到乡下去，难道乡下的老百姓有错吗？为什么要让不良的警察去管理他们呢？这是同样的情形。再说，"共工"等四个坏蛋，因为是外人，舜就杀的杀，放逐的放逐；他自己的弟弟那么坏，他反而封他一块地方，这样做对吗？

孟子对于这一事实似乎先不做正面的答复，而来一套理论说：一个仁慈的人，对于自己的弟弟，是"亲爱之"，用现在的话直截了当地说，人不能绝对没有私心，且相当地保留有私心。对自己的弟弟气极了，发过一顿脾气，事后也就算了，不会永远放在心里有怨恨的。

我们这里可以看出，所谓大公无私，是有个限度的。中国文化中的杨朱，是主张个人主义，主张自私的，所谓"拔一毛而利天下，不为也"，拔我一根毫毛去贡献社会，绝对不干。但是，你的毫毛我也不会动一根。假如人人都是这种思想，各为自己的自由，各取自己的权利，也就天下太平了。相反的，墨子主张"摩顶放踵而利天下"，从头发到脚底，只要对天下、国家、社会、他人有利益，都全部贡献出去。如果人人都能做到这样，也就天下太平了。

这两种是绝对不同的思想，杨朱等于小乘罗汉，墨子等于大乘菩萨，孔孟的儒家思想，处在大乘与小乘之间，可大亦可小。儒家始终认为，杨、墨两方面都走不通的，因为没有绝对的大公或大私。例如现在我们这大楼讲堂，天气热开放冷气，大家都舒服；可是楼梯口的人，就享受不到了，于是就把堂门打开，让他们也分享。可是隔壁的人也热啊，就把这个圈圈放大，即便放大到太空，还有外太空，也做不到绝对大公。

反过来再说自私，私也是有限度的。杨朱说，拔一毛而利天下不为也，可是假如医生说，如果你这只手不锯掉，就会死亡，那么你还是会赶快让医生把这只手锯掉的；可见另外还有一个我，比身体还更重要。假如医生对一个人说，你的思想需要立刻停止，不停止要死掉，那么这人一定会自己想办法，停止思想，因为怕死。不过死了以后还有一个问题，因为现在我们人活着没有死，怎么晓得死后还有没有我？那一个真正的我，仍然没有找到。

因此，儒家的思想是，人要保持适当程度的自私，然后实行大公，绝对无私是做不到的。

孟子这里对万章所说的话，虽然不是明白说出来，但他的含义是，圣人尽管是圣人，难道圣人连点亲情都没有吗？没有亲情的人，也就不能叫做圣人了。他说，舜自己做了皇帝，而让亲弟弟在那里当一个普通老百姓，甚至吃饭都成问题，这就不叫做亲情吧！人总难免会带一点亲情啰。

孟子这番话，也是合情理的，万章听听，也马马虎虎放过去了。倘使孟子是学生，万章是老师的话，他一定会在孟子这份卷子上批"差强人意"四个字，给他六十二分吧！

可是万章又问："'或曰放'者，何谓也？"有的记载说，舜是放逐了他的弟弟象,这又是怎么一个说法呢?古代对于这个"放"字,是很严重看待的。

孟子的解释,只能说是孟子的解释,因为除此之外,在别处尚未见到过这样的记载。孟子说:所以会有"放"字的记载,是因为知道他这位弟弟,不够资格做一个小国的领袖,不能做地方首长,所以另外派了一个人,等于现代的副市长,或秘书长之类的人,去掌握实权,推行地方行政,管理财政税收。所以历史上记载了这个"放"字,因为舜是圣人,虽然是维护弟弟,可也是教育弟弟,绝不能糊弄老百姓。他爱弟弟,也爱老百姓,所以把弟弟放得不太远,便于亲近,要他弟弟每个月亲送贡税来,使兄弟常见面。

《万章》这一篇,一开头就讨论尧舜的许多问题,一直到此为止,处处对上古圣贤怀疑,对孟子所推倡的尧舜之道,提出问题,对尧舜本身的问题,也有所怀疑,非常有趣,但还没有结论。

礼节的问题

  咸丘蒙问曰:"语云:'盛德之士,君不得而臣,父不得而子。'舜南面而立,尧帅诸侯北面而朝之,瞽瞍亦北面而朝之。舜见瞽瞍,其容有蹙。孔子曰:'于斯时也,天下殆哉,岌岌乎!'不识此语诚然乎哉?"

  孟子曰:"否,此非君子之言,齐东野人之语也。尧老而舜摄也,《尧典》曰:'二十有八载,放勋乃徂落,百姓如丧考妣。三年,四海遏密八音。'孔子曰:'天无二日,民无二王。'舜既为天子矣，又帅天下诸侯以为尧三年丧，是二天子矣。"

这里另提了一段。咸丘蒙也是孟子的学生，他提出来另一个问题，也是关于尧舜的。他说：一般人说，一个真正有学问道德修养的人，连皇帝也无法叫他来做臣子，父母亲也对他客气三分，不把他当一个普通子女看待。

这是中国文化自上古以来一直保留着的隐士思想，为其他国家所没有的独特精神。实行下来，到了后世，如佛道的出家人，从三国开始，经过南北朝直到隋唐，四百年间，对于"不臣"的规矩，争论得很厉害。就是说，一个人出家以后，要不要仍遵守世俗的政治礼制？见到皇帝要不要跪拜？后来，根据印度的制度，一个人出家以后，就是隐士，就"**君不得而臣**"，佛教的戒律也是如此。当释迦牟尼出家以后，他父亲净饭王去看他，释迦牟尼只行宗教的礼节，当然父亲也不必拜他。这就和中国文化中的"**君不得而臣**"的隐士精神一样，只以友道相处。中国在隋唐以前，已确定了对出家人以隐士待之的态度，见帝王以友道相处，不跪拜，这成为约定俗成的体制和礼数。除此之外，上自宰相下至老百姓，任何人见到帝王，都是非跪拜不可的。

可是，宋太祖赵匡胤，当了皇帝以后，到某寺庙中看到佛像时，对该不该跪拜，很觉为难；如果是在山东曲阜的孔庙，从唐明皇以后，历代的皇帝都跪拜，尤其到清朝入关以后，做得更恭敬，礼见孔子像，一定跪拜。赵匡胤在佛殿中，手上拈着香，觉得拜也不好，不拜也不好，问旁边一个禅师，该如何行礼。这位禅师答得好：现在佛不拜过去佛！赵匡胤微微一笑，行个礼走了。这位禅师也算是卖足了宋太祖的面子，像这些也都是中国礼仪上的问题。

在《佛祖历代通载》上，关于我国政治制度与宗教制度的关系，都有记载，历代都有专司宗教事务的行政机构。将来如果在政府机构中，恢复宗教司的设立，对于这类事都应了解。现代的青年，应该注意去研究，像《孟子》这里的"**君不得而臣，父不得而子**"，就牵涉到了这些礼节。

这里还有一个中国传统文化哲学的问题。咸丘蒙说舜登基做皇帝"**南面而立**"，历代以来，皇帝的座位，一定是坐北向南，皇宫的建筑也一定是坐北向南。在清朝被推翻以前，全国的官府衙门都是坐北向南，但是老百姓的房屋，没有坐正北或朝正南的，一定要稍稍偏一点，或朝东南，或朝西南，绝对不可以面向正南方，否则会被视为犯大不敬的重罪。

皇帝之座位所以坐北向南，是根据天文地理的原则而来的。实际上根据地球的磁场来说，是有大道理的，和埃及的金字塔一样，为什么一定要背靠北极星来建筑？这都是上古人类的一种奇特的智慧，其中不止是哲学方面，还包括了科学上的道理。

"**南面而立**"四个字中，还有一个重大问题，研究中国政治思想与制度要注意，上古的皇帝在接受礼拜时，是站着的，然后再坐下。后世皇帝则是坐下来接受礼拜，这很可能是汉初叔孙通创立的，是他替汉高祖建立礼制中的仪礼。上古的皇帝则不同，在这些地方非常民主。

咸丘蒙问这个问题时，先在前面引述了"**盛德之士，君不得而臣，父不得而子**"的当时隐士观念，然后说，在舜当了皇帝的时候，尧还是带领了诸侯，向舜这位新皇帝行礼。舜的父亲，也是小国家的元首,这时也和其他的诸侯,在一起站班行礼。但是当舜看到自己的父亲在下面站班时,脸上的表情很难受,有过意不去的样子。据说孔子看了这一段历史记载,曾经感叹说:这个天下危险了,这样不好,危险危险!意思是说,一种良好的文化和风气,这样一来,完全被破坏了。从此以后,人只重地位,只重金钱,所以危险。

咸丘蒙问孟子,历史上的这段话,不知道是不是实在的,到底是真的还是假的?

孟子说:没有这件事。这种话,不是正式的史料,不是有学问修养的人说出来的,是"齐东野人"的话。"齐东野人"是孟子说出来又经常提到的。由于他自己是邹鲁之人,一方面在齐国居留得较久,对于齐国的民间习俗,了解得很多。所谓"齐东野人",就是指齐国东边靠海的地带、教育相对落后地方的人。

古今对接班人的不同观念

孟子说,尧老了,一百多岁才把全国的政权移交给舜,而且还没有完全脱手,自己仍然摄政,从旁协助。直到舜有了二十八年的行政经验,"放勋",就是尧,才去世,那时他已经一百多岁了。全国的老百姓,因为非常爱戴他,就像死了父母一样地悲痛,三年当中,全国没有举行过音乐演奏。孔子曾经对尧、舜那时的制度,有所感叹说:这体制不大好,上天没有两个太阳,国家的元首只能有一个。当时舜既然接了天子位,又带领天下各国诸侯,为尧服三年之丧,尧等于一个太上皇,这看起来,国家相当于有两个元首了。

但这是孔子当时没有想到的，因后世的政体，国家元首有正、副二人，这也没有什么不好。帝制时的副元首就是太子，所谓的王储。到了民主时代，元首更明定有两个，一正一副。这一点，孔子三千多年前没有想到。不过没关系，孔子还是孔子，圣人就是圣人，这些小地方，不足为孔子之病。

我们注意的是，过去的学者，每认为三代以上，禅让天下是民主；可是我们要知道，民主并不如想象中那么简单。假如随便选一个人当国家元首，上台不到三天，可能就亡国了，毫无经验是不行的；搞政治不但要有道德，还要有经验。试看尧对舜，不是尧不肯下来，是因为辛勤培养，小心带领舜二十几年才放心。因为与国家、天下、老百姓的祸福有关，责任太大了。所以不但尧不放心，舜也不放心；后来舜把帝位禅让给大禹，也是一样，先给大禹多年行政上的磨练。司马迁在《史记·伯夷列传》中，一句话点穿了："传天下若斯之难也。"上古的道德政治，禅让天下并不容易，并不是像后世想象的禅让，搭一个高台，两个人爬上去，我把天下交给你，我就走了，事情并不那么简单。

孔子说的"天无二日，民无二王"，在后世的小说中，常常引用。这也可以说是我们中国文化中，良好的政治体制精神，所主张的就是统一。

在《论语别裁》中，我曾引述一段亲身经历的事。一位美国哈佛大学的哲学教授来访问我时，曾说对中国文化非常敬仰，他能用中国话背《大学》《中庸》两书。但是他发现一个很大的缺点，就是《大学》这部书，只有尊卑上下纵向的伦理观念，没有横向的社会人际关系观念。他举出从诚意、正心、修身、齐家、治国、平天下的纵线，没有"社会"的横向关系。

我毫不客气地告诉他，那是他对中国文化没有深入了解；至少也是教他中文的老师，没有教好。我告诉他，《大学》中的"齐家"就是"社会"关系，他听了我这句话愣住了，问道："齐家"与"社会"有什么关系？我说：这就是你研究中国文化需要了解的。因为中国过去的家庭，都是以族姓（宗族）为一家人的大家庭，唐朝所标榜的所谓五世同堂或四世同堂等的家庭，对于族姓家庭来说，已经算是小家庭了，以"三代同堂"最为普遍。这种三代同堂的家庭，每代有五六个儿子，兄弟妯娌，加上许多孙子，随随便便一个家庭就是几十个人乃至几百人。拿现在部队的编制来比拟，比一排人还多，再大一点的家庭就是一连人。

在古代还不止是五代同堂，更是聚族而居，宗族连起来，就是后世的祠堂。王家村、李家村，城东何家、水西刘家，其间发生了许许多多的事情。宗族在文事方面设有义学，在经济方面设有义仓，在武事方面设有陈寨、黄堡、邓家楼子，等等。当年朱德、毛泽东在江西领导革命的时候，就有一些这样的村落碉堡，他们硬是无法攻进去。后来的左派文人巴金、万家宝（曹禺）等，所写的小说如《家》《春》，剧本如《雷雨》《北京人》等，也都是描写大家庭中的阴暗面，这些大家庭就是一个社会。中国"齐家"的"家"，并不是结婚以后，离开兄弟姊妹，连二老都丢开的那种西方小家庭的"家"，而是要齐一个家族的"家"。家族、宗族就是一个社会，怎么说《大学》之道没有注意到"社会"呢？

他听了以后非常高兴，又问我一个问题：他研究中国历史，也觉得奇怪,例如战国时期、南北朝、五代、元朝,乃至于清朝,都被外族统治过。而西方的国家,如果一经外族统治,则万劫不复,从此完了。只有中国,被外族统治没有关系,而且每经过一次外族统治,反而更加庞大。他问这个道理在什么地方。

我对他说,你这个问题提得非常好,但是我告诉你一个道理,这是文化的原因。自从秦汉以后,中国的文化、文字统一了,之后是政治的统一,君王帝制的体制统一。君王政治的好与坏,那是另一个可以研究的问题,但是因为配合了文化、文字的统一,使我们这个国家绵延了几千年,将来也永远不会断绝。而西方的国家,直到现在,仍然文字不能统一、思想不能统一;所以几千年来,永远有小国存在。但是,也由于许多国家存在,互相竞争,才有今日科学文明的进步。

我们在春秋战国以前,也和现代欧洲、美洲等各洲一样,东一块,西一块,许多小国分据各地。后来因为文字、语言、政治的统一,文化一统,成为一个统一庞大而永不会被征服的国家。虽然现在还保存了许多地方的方言,但是仍然能够相通,因为文字相同,文化一致又统一,所谓"山河一统",这一观念的作用非常之大。

在这里,孟子提到孔子所讲的"天无二日,民无二王"的思想,就是统一。中国文化中的"一"非常重要,《易经》的数字,也始于"一"。老子也说:"天得一以清,地得一以宁,神得一以灵,谷得一以盈,万物得一以生,侯王得一以为天下贞。"这都表明了"一"之观念的重要性。修行的人,也要一念专一,才能定慧成就。

上古的君王与亲属

咸丘蒙曰:"舜之不臣尧,则吾既得闻命矣。《诗》云:'普天之下,莫非王土;率土之滨,莫非王臣。'而舜既为天子矣,敢问瞽瞍之非臣如何?"

曰:"是诗也,非是之谓也,劳于王事,而不得养父母也。曰:'此莫非王事,我独贤劳也。'故说诗者,不以文害辞,不以辞害志;以意逆志,是为得之。如以辞而已矣,《云汉》之诗曰:'周余黎民,靡有孑遗。'信斯言也,是周无遗民也。

孝子之至,莫大乎尊亲;尊亲之至,莫大乎以天下养。为天子父,尊之至也;以天下养,养之至也。《诗》曰:'永言孝思,孝思维则',此之谓也。

《书》曰:'祗载见瞽瞍,夔夔斋栗,瞽瞍亦允若',是为父不得而子也。"

前面说到统一的问题,但有关整个的问题,还没有讲完,所以咸丘蒙紧接着又提出来问——

舜当君王以后,尧是退位的君王,在民主政治来说,他可以享受优厚的待遇,但他的身份也等于是平民了。"舜不臣尧",尧不向舜称臣的道理,我懂了。但是根据中国文化,像《诗经》中所说的:整个天下,没有一寸不是"王土"。

"王土"相近于现在民主时代的公有土地;但在君主时代的"公",是王室的"公",这个公有的土地,一直到海边为止。但上古没有制海权,当然更没有制空权,所以现代的领陆、领海、领空,在古代往往包含在"领土"一词之内。如现代政治术语中,每说"领土、人民、政权为构成国家的要素",其中"领土"一词,就包括了领陆、领海与领空。

上古时代,人类的生活行为,没有到达海上,所以说,普天下的土地都是王土,所有在土地上生活的人,也没有一个不是君王的子民。舜既然当了君王,尧可以不必来朝见称臣了,那么他的父亲瞽瞍怎么办?前面曾经说过,瞽瞍也是一个小国——有虞的元首,不是一个普通的老百姓,以现在来比喻,也可视为一个乡镇长或县长。如果举行全国会议时,儿子为一国之首,处在高位,父亲该不该行君臣之礼?

孟子说,《诗经》的话是有道理的,不过不能用来讨论这个问题。一个人,因为担任了国家的公职,就只有公,没有私,因忙碌于公事而不得养父母,对于孝养父母方面,就不免多少有所缺失。

咸丘蒙又说:如果这样讲起来,国家的大事,只让一个人去劳苦,其他的人,不共同负担责任吗?

孟子说:《诗经》的话,虽然是那么个说法,但是不能以这个逻辑来做论点,虽然担任公务,不免于私情稍有点妨碍。所以真懂得文学诗词的,不能只看文字,而忽略了文字所代表的意义;更不能因为文辞的表面,而忽略了他写这首诗的动机与目的。例如平时讲话,有时话的内容并不好,而本意——动机与目的是非常好的。例如父母往往骂孩子:"你不吃饭,我打死你!"这句话的内容非常凶狠,可是他的动机是教育孩子,目的在使孩子获得充分的营养,本意是非常慈爱的。如果将父母这句话,解释为狠毒的父母,那就是以辞害意了。

所以对于诗也是这样,要以我们高度的思想,去推论他的本意,知道他写的动机与目的,才可以了解古代文字的原意。如《诗经》中《大雅·云汉篇》说:"周余黎民,靡有孑遗。"原意是指周朝统一天下,没有遗漏一个老百姓。换言之,在周朝这一政治体制之下,百姓都是同一国家的人民,没有一个人不是周的人民。如果我们照它表面字义解释,那就变成说周朝没有遗民,都死光了!

实际上周朝是有遗民的。"遗民"这一名词,是孟子首先在这里说出来的,后世也称做"逸民",逃逸、放逸的意思,也就是隐士之流。例如伯夷、叔齐两个人,就是周之遗民,他们是前朝商纣时代的子民,因为义不食周粟,逃到首阳山里吃野菜,隐居。所以,根据史料来说,周朝绝不像《诗经》上所说的,没有遗民;不但有遗民,而且还不止是伯夷、叔齐两个人。周朝到成王之后,政权建立将近一百年了,还有"殷之顽民",就是殷商时期留下来顽强不肯投降的人;又如周朝封的宋国,也是殷商之后。

再说,周朝封纣王的叔父箕子于朝鲜,就是现在的韩国,所以韩国的国旗,是取自《易经》,中心是一个"太极",乾(☰)、坤(☷)、坎(☵)、离(☲),四卦布于四角。箕子推行的五行八卦文化,影响了韩国的文化发展,他们也就是箕子的后裔。周朝封箕子于朝鲜,也可以说是封殷商的遗民,只是不好意思说放逐,目的是把这些人送得远远的,给他们一个范围,要他们去自谋生活。

所以研究历史就可以发现,孟子到了这里,也没有办法说得很透彻、露骨，他当然懂，可是不好意思多说，就到此为止了，只可以意会，不可以言传。他的意思就是，假如相信这两句诗，就会认为周朝没有遗民了；也等于说，这两句诗虽是这样说的，难道周朝就真的没有遗民了吗？诗尽管如此，但文字的记载，不免有点出入，如果望文生义，就更偏差了。

到这里，对于舜是不是一个真孝子的问题，孟子做了一个初步的归结。他说："孝子之至，莫大乎尊亲"，人最大的大孝，是尊敬亲属，而亲属中最亲的是父母，因为人的身体是父母所生。一个孝子，如果连亲情都没有，就根本不可能孝于天下、国家、社会。而尊亲最到家的，"莫大乎以天下养"，一个人当了君王，以天下之大的最高尊荣，来孝养父母，当然可以称为大孝子。因此以天下来养父母，也就是最大的、至高无上的孝养了。正如《诗经》上说的："永言孝思，孝思维则"，这种孝思，可以作为千秋万世的法则，也就是孝的真实含义。

我们读《孟子》到这里，会有一种感想，假如孟子在我们面前，我们一定会说：孟老夫子，你讲的理由都对，可惜你所讲舜当时所建立的制度，是不是事实，历史上仍找不到记载的文献。

刘邦封的太上皇

我们再看后世，孔孟时代的春秋战国不谈，就在战国以后的秦始皇，并吞了六国上台以后，先把他自己的假父吕不韦整掉了。汉高祖当了皇帝，并没有先封父亲什么官，对母亲倒蛮尊敬的。他大封天下以后，还是他粗野的那一套平民文化，开口说的就是"三字经"。那时中国的文化，经过秦始皇的一把火，再经过项羽更大的一把火，已把中国的书几乎烧完了；而原来六国的知识分子，也已几乎死光了。所以从战国末期到汉朝初期，一两百年间，中国文化是荒芜了。

汉高祖平定天下以后，政治、朝仪制度都没有，还是靠叔孙通这个读书人建立起来的；一直到汉武帝的时候，才逐渐将中国文化恢复建立起来。所以，在那段时期，文化的命脉非常危险，几乎要断根了。当然，在此情形之下，仪礼方面所呈现出来的，也很差，所以汉高祖的父亲，住在皇宫之中，不知道自己算是老几，不知如何自处，别人也不知道该如何对待这位皇帝的平民父亲。

于是，有人告诉汉高祖的父亲，明天早上皇帝下朝回来的时候，你拿一把扫帚，在皇帝的门口扫地，做清洁夫，就有办法了。汉高祖的父亲，就采纳了这个意见，第二天照做，汉高祖一看见就急了，问道：你老人家怎么在这里扫地？他父亲说：你是皇帝，我是老百姓，在你宫里不扫地干什么？汉高祖可真急了，可是皇帝的爸爸该是什么官位，历史上又找不到先例；想了半天，于是封他父亲为太上皇，也就是中国的第一位太上皇。以后历代帝王，都沿用了这个制度。

中国文化中关于家庭、家族、政府、朝廷之间相互关系的制度，几乎只有清朝这个朝代，吸取其精华，建立了更完整的制度。尤其是最初康熙、雍正、乾隆三朝，把孔孟在这方面的思想与精神，发挥到了极致。例如乾隆也当过太上皇，而把历史上几千年来宫廷的毛病，都革除掉了。但是也产生了一个最大的毛病，那就是"以天下养"，造成家庭的尊亲之义超过一切。上朝的时候，皇帝至上，皇太后乃至太上皇，不能干涉政治；可是下朝以后,要到后宫去向父母跪拜请安。一进内廷门,皇帝的权威就完全没有了,如果太上皇或皇太后一声叱喝:"跪下!"皇帝就得口称"儿臣"跪下去,太上皇或皇太后也可以用拐杖打他;可是出了内廷,则谁也不能动他一根毫毛。

仔细研究清朝的这些制度,可以说集古今良法之大成,坏处并不多;但是因为强调了尊亲之义,家庭权威之高,演变成为末期的皇太后干政。这种尊亲的孝养,也就是根据孟老夫子这几段文字发展出来的。

究竟上古时,大舜的父亲是不是《孟子》中所说的那样,我们无从知道。在历史记载上,并没有这种资料,不知道孟老夫子读了什么"秘笈",然后他又没有传下来,所以只有他知道。

最后他引用《书经·大禹谟》上的话做结论说,舜上朝的时候,诸侯都站在那里,诚恳又恭敬、并有一点畏惧感地行礼。瞽瞍也在那里,和大家一起行礼,但是态度很自然。依据《书经》的这项记载,所以说"父不得而子",虽然舜是瞽瞍的儿子,但既已当了国家的君王,他就代表国家,在处理公务、代表国家精神的时候,即使是父亲,也不可加上私情,不能因为他是我的儿子,我就可以马虎一点。

在这个地方,就看到中国帝制的一种优良精神:公与私分得清清楚楚。想到我的一个同乡,也是相当有名的;可是家乡的人说他不孝,因为他常常连父亲的信都不回。后来经过求证,发现他并不是不孝,而是乡人们误解了他。因为他父亲常常写信为别人讲情,或推荐人做官,他虽写信给父亲,说用人是为国家用人,不是为家乡用人,请父亲不要再推荐人了,可是父亲常因情面难却,或者不懂其中道理,仍常写信介绍,于是他只好把信搁置不回。家乡的人便说：连父亲的信都不回，真不孝！就这样骂起他来了。

由这一件现代的小事，也就知道古书上所记载的古代公私分明的严肃精神。

关于尧舜的问题还没有完，下面万章又提问题。

上天创立了公天下

万章曰："尧以天下与舜，有诸？"孟子曰："否，天子不能以天下与人。"

"然则舜有天下也，孰与之？"曰："天与之。"

"天与之者，谆谆然命之乎？"曰："否。天不言，以行与事示之而已矣。"

曰："以行与事示之者，如之何？"曰："天子能荐人于天，不能使天与之天下；诸侯能荐人于天子，不能使天子与之诸侯；大夫能荐人于诸侯，不能使诸侯与之大夫。昔者尧荐舜于天，而天受之，暴之于民而民受之。故曰：'天不言，以行与事示之而已矣。'"

上古的时候，尧、舜、禹这三代，是帝位禅让的公天下，禹之后，由儿子启接位，变成了家天下。中国政治制度的家天下，是夏禹的儿子启开始的，现在这一段是讨论公天下与家天下的问题。

万章说：听说，尧把天下政权交给了舜，有这回事吗？孟子说：不是这个道理。

万章进一步问:舜本来是一个平民,后来却当了天子,这又是谁给他的?孟子说:那是天意也。

万章又说:既然是天意,难道老天爷下了命令,或者当面告诉他的吗?这两师生之间的辩论,针锋相对,也是很尖锐的。孟子说:不是这个道理,老天爷并不会说话,只是在人事上表示出来而已。

万章又追根究底地问:你说上天是以人事来表示,那上天又是怎样表示的呢?这个万章也很会问,徒弟打师父,一拳又一拳打出来,硬把师父逼向角落去了。

孟子说:天子可以推荐下一任的人给上天知道,但是不能要求上天一定把天下给自己所推荐的人。注意!这是圣人的话,一般人祭拜时,往往祷告说:菩萨!你一定要给我父亲和我儿子福报。菩萨啊上帝啊都是上天的一个抽象的代号,像这样的祷告,就是求私情了;上天是公平的,是不讲私情的。所以可以为人祷告,不可以要求,你的要求上天是不听的。在佛教、道教及各宗教里,也只能替父母忏罪,只有祈愿,把自己的愿望祷告给上天知道,不做要求。如果上天听我的要求,那这上天也太重私情了,也就不该叫做"天"了。

孟子又继续引申到人事上来说,例如诸侯可以向天子推荐人,大夫可以向诸侯推荐人,但同样的道理,不可硬要求天子、诸侯给某人当诸侯或大夫。孟子以上下三个阶层,来阐述一个道理,这就是言语文字逻辑的技巧,从三个不同的层次,来说明公天下的意义,而堆积排列起来,就显得整齐、严肃,而且强调了语气。

他申述了一番理论,又回到尧舜的本题说:以前尧自己考察了舜，的确够资格做继承人，才向上天推荐，上天也接受了。他又交给舜许多事情去做，看他做事对不对，成绩好不好，各级诸侯及社会上老百姓都认为舜做得对，而接受了他。换句话说，"天听自我民听，天心即民心"，人民接受了他，也就是天意给他。

年轻人读《孟子》读到这里，觉得"天呀天"的，啰啰嗦嗦，干脆说全国的人都同意他，是民主的政治，这不就好了吗？为什么要"天呀天"的而不说人？实际上都是人；为什么不像现代的说法，讲是民主的？其实，孟子这里所讲的，等于现代政治哲学所标榜的最高的民主精神，但不是美国式的民主，也不是现代世界各国所实行的各式各样的民主政体；这只近似西方民主理想、政治哲学最高的精神，但大不相同。

孟子这里所说，人心就是天心，这是天人合一的境界，这种民主，绝对不能有私心，绝对不能凭个人的好恶做抉择，其中包含有宗教性的信仰、哲学性的理念，由形而下而通至形而上的内义。现代世界各国的民主，只是属于形而下的，是由人类社会的观点而设想的；但孟子这里所讲的这种精神，可以说是形而上与形而下贯通的。

在《孟子·梁惠王下》可以看到，"国人皆曰可杀，然后察之，见可杀焉，然后杀之。故曰国人杀之也。如此，然后可以为民父母"，这类话的意思是说，群众的看法，有时候是盲目的或情感化的，不是理性的。在《论语》中，孔子也有类似的话，而现代欧美式的民主，则是情感化的。一个国家的成败，付托在这种情感化的民主政治上，是非常危险的。所以孟子始终不提"民主"这类名词，而是在那里"天呀！天呀！"的，叫了半天的"天"。

人神合一

曰:"敢问:'荐之于天而天受之,暴之于民而民受之',如何?"

曰:"使之主祭而百神享之,是天受之;使之主事而事治,百姓安之,是民受之也。天与之,人与之,故曰:'天子不能以天下与人'。舜相尧,二十有八载,非人之所能为也,天也。尧崩,三年之丧毕,舜避尧之子于南河之南。天下诸侯朝觐者,不之尧之子而之舜;讼狱者,不之尧之子而之舜;讴歌者,不讴歌尧之子而讴歌舜。故曰天也。夫然后之中国,践天子位焉。而居尧之宫,逼尧之子,是篡也,非天与也。《泰誓》曰:'天视自我民视,天听自我民听',此之谓也。"

现在我们看孟子怎么讲"天"。

万章也和我们一样,打蛇随棍上,一直追问下去。他说:"敢问荐之于天而天受之",老师你说尧把舜推荐给上天,然后又推荐给老百姓,究竟是怎么个推荐法?你说了半天,都还是理论嘛!有什么具体的事实?孟子说:尧教舜去祭天,一切鬼神都来享受。

这件事,史料上找不到,是孟子在这里这么说的。从前中国人清明祭祖,现在台湾的拜拜,也保持这种风俗,是以一桌酒席,摆在祭祀的香案前。有的说,小孩子可以看见,有祖先或什么鬼神来了,穿什么衣服、什么鞋子。在大陆,长辈过世,举行家祭时，上完了酒、菜、牲、汤、饭、茶这些供品，要"止乐"，停止音乐；"灭明"，把孝堂的灯烛熄灭；"合帏"，把孝堂的帏幕放下来，整个孝堂也许有百把人，都鸦雀无声，静肃到绣花针落地可闻。大约持续五六分钟，于是奏《蓼莪》三章之乐，这是《诗经·小雅篇·小旻之什章》中，孝子痛不终养的诗。要用笙、笛、箫等管乐器演奏二三十分钟，然后才复明、启帏、奏哀乐、举哀、视馔。接着全体孝子、孝媳、孝孙们，穿了孝服，手拈浸了油的红纸煤，点了火，哭哭啼啼，去看那些食物，死者来吃过没有，吃了多少。据说，有时也会少了一片鸡，半块肉，或者移动过的样子。至于是不是老鼠、蟑螂乘寂静时来偷吃，就不得而知了。但在孝子们的心目中，这就是"享"。

由此而知，中国古代的祭祀，是有非常浓厚的宗教色彩，但与西方的宗教祭祀不同。西方的宗教政治是绝对的，只有神，没有人；中国的古代政治，只是带有浓厚的宗教色彩，但不是绝对的，而是相对的，神与人合一了。研究东西方文化，对于这一点，千万要了解清楚。几十年来有些人写中国哲学史、政治史，往往在这些关键地方，说不清楚，认为中国古代的祭祀或神教政治，都是迷信观念，其实这都是没有透彻研究而下的断语。

祀，也是宗教，任何一个民族的发展，都是由先民的宗教思想而来，但是各有不同之处。远的且不去说，只看在台湾高山上的少数民族同胞，泰雅族也好，阿美族也好，排湾族也好，曹族也好，对于他们的始祖，都各有一个宗教式的神话。中国则有盘古氏开天辟地之说，西方民族，也有类似的说法。

所以研究中国上古史，另有一套，孟子这里所说的"百神享之"，就是在祭祀上得到了感应，这也就是"天受之"的用意。

得民心则得天下

孟子说：尧教舜办事，他办得非常好，百姓都能够"安之"。这个"安"字，是非常难办到的。看中国书，研究中国的思想，与西方政治哲学的主张与思想，两相比较的结果，发现中国人说的"风调雨顺，国泰民安"和"安居乐业"两句话十二个字，就把西方人所有的政治主张、政治思想说尽了。无论什么政治主张、政治制度，做到了这两句话所说的境界，就做对了。相反，若人人都能过安定的生活，做到安居乐业，哪一个主义都没有存在的必要了。所以人人安居而不受任何的扰乱，这就太难；任何一种主义都很难达到使人安居乐业的目的。人人能够乐业也很难，所谓做一行，怨一行，为什么会怨？除了主观的心理因素外，更多的是宏观的社会原因所造成的。

中国的民族性，只求自己能够安居、乐业，谁来管我都好。但是，几千年来，中国老百姓能安居乐业的时代，实在太短暂，太少了。

我们常常在神庙中看到"风调雨顺，国泰民安"这八个字，看来好像很迷信，事实上，这两句话包括了四件事，每一件都很难做到。没有风灾，没有水灾，年年气候都很好，没有天灾人祸，国家太平，老百姓个个安居乐业，若要达到这个境界，是多么的难。为了希望努力达到这八个字的目标，因此又产生了四个字"替天行道"。这是中国文化中的政治哲学，任何一个朝代，都需要做到"替天行道"。行什么道？爱全民，真正的仁孝，这就是天之道，替天所行的是这个道。

所以孟子说：舜因为做到了"百姓安之"，就证明全民接受了他，这可以说是上天给了他天下，也可以说是全民给了他天下，并不是尧私相授受，因为看中了自己的女婿，便私底下把江山送给女婿。舜在没有接位以前，辅助尧管理全国的政事，已有二十八年的行政经验了，这是一般人办不到的。

有人或者会认为，一个人当二十八年宰相，非常简单，没有什么了不起，哪有当不下来的？其实，这种一人之下，万人之上的事，还真难做。难在上面有错误，全要自己承担；自己做得好，功劳又要归于上面，而好处是全国老百姓的。任劳已经很难了，上面有过错，下面也有过错，都要自己去承当；任怨更难，上下的埋怨，也集中到自己的身上来，而且自己不能有怨。这是非常难的，不是一般人可以做得到的。所以我们不妨把三千年来，历朝的宰相统计一下，其中最好的宰相，做了多少年，当时国家的政治又如何。如此一来，就会知道，孟子赞叹"*舜相尧，二十有八载，非人之所能为也，天也*"的道理。

平日读书，像读到这样一句，然后再去联想、观察历史上的事迹，才能把这句经书读通，才能"**不以文害辞，不以辞害志**"，可以"**意逆志**"而有所得了。不然的话，看了这种书，就觉得没有多大道理，甚至还会认为，如果自己能当二十八年宰相，那可是高兴死了。

《易经》也讲到这个道理，以乾卦代表国家元首，以坤卦代表相；坤主顺，而顺是最难的。所谓顺，并不是只接受上面的意见，而是要上下平顺，下情要上达，上面的主意，要向下贯彻，才是完整的顺。所以孟子极力赞叹舜，认为他是非常难得的。

他又说"**尧崩**"，舜率领全国，服了三年的丧。中国文化，身份不同的人过世，各有不同的名词来表明。皇帝死了为"崩"，皇后或诸侯死为"薨"，其余"殂""死""夭""逝""捐馆"，等等，都有差别的，这是中国礼仪。不像西方人，伯母、姨妈、舅妈都是一个称呼，统统一样。中国则要分得清清楚楚，有一定的称谓，也各有一定的礼仪，丝毫不得混淆。

舜服丧三年后，并没有宣布哪一天就皇帝位，并且迁到远远的河川南岸去，希望尧的儿子丹朱，能够继承天下。舜自己避嫌走开了，认为自己不能以女婿的身份，篡丈人的天下，把内弟压下去。可是尧的儿子丹朱不肖，不肖并不是坏，肖是像的意思，不肖是不像他父亲那么好，并不是不孝。所以尧发明了围棋，用来教育儿子，可见丹朱这个人，心念不定，喜欢到处乱跑，只好教他下围棋，希望他可以安静下来修心养性。像现在这个社会，有些人说"不做无益之事，何以遣此有涯之身"，丹朱也就是这个情形。

舜虽然避开了尧的儿子，迁到南河之南去了，但是全天下还是归心于舜。一般诸侯，仍然向舜报告事情，不到尧的儿子那里去报告；有诤讼的也到舜这里来，不到尧的儿子那里去诉讼。天下都歌颂赞叹舜好，没有人去歌颂丹朱，舜只好接位了。所以孟子说，这是上天给的，不是尧与舜个人之间私相授受的。后世皇帝登基上台，每用"天与人为"四个字，就是从这里来的。

假如，尧死了以后，舜就践天子位，立即住到尧的宫中去，把尧的儿子逼走，那算是篡位，不是上天给他的了。

孟子借《泰誓》的话"天视自我民视，天听自我民听"，来对万章说，上天怎样去看、去听呢？是从全国人民身上去看去听，既然"天与之，人与之"，全国人都拥护，这也就是天命所归了。

夏禹为何不禅让

万章问曰:"人有言'至于禹而德衰,不传于贤,而传于子',有诸?"

孟子曰:"否,不然也。天与贤,则与贤;天与子,则与子。昔者,舜荐禹于天,十有七年,舜崩,三年之丧毕,禹避舜之子于阳城,天下之民从之,若尧崩之后,不从尧之子而从舜也。禹荐益于天,七年,禹崩,三年之丧毕,益避禹子于箕山之阴,朝觐讼狱者,不之益而之启,曰:'吾君之子也。'讴歌者,不讴歌益而讴歌启,曰:'吾君之子也。'"

孟子这个学生万章很厉害,他和老师辩论尧舜禅让的问题,大概不大好意思再辩论下去了,看来他心里似乎还没有折服,所以又扯到另一个问题上去,提出来问孟子。

他说:老师你说的,上古时代,尧禅让给舜,舜又禅让给禹;尧、舜、禹三代是公天下,是三位贤君。可是我听说到了禹的时代,道德就已经衰落了,公天下变成了私天下,所以禹不把天下传给贤人,而传给自己的儿子。有这个事吗?

孟子说:不!不是这样的。上天要给贤人,就给贤人;要给他的儿子,就给他的儿子。私心并不一定就是不对的,难道只许别人的儿子贤,不许自己的儿子贤吗?遇到自己的儿子也是贤人,那也只有给自己的儿子了,也就是给贤者。这里可以看到,为什么后世的人会说孟子好辩,如果在现代,他当辩护律师的确很好。

孟子继续说:"昔者,舜荐禹于天",禹跟着舜做了首相,有十七年的行政经验,而且又把中国尧舜时代患了几十年的大水灾,治理好变成大水利。舜死了以后,禹也守三年之丧,一切都依照舜以前的规矩,并且为了避舜的儿子,而迁移到阳城——山西一带去。可是民间的情形,还是和尧死后一样,都不跟从舜的儿子,而跟禹,这也是历史的事实。"禹荐益于天",伯益这个人,也是做了七年的辅相,禹死了,也是三年之丧,这一套都是跟以前一样,照古代的礼节,伯益也避开了禹的儿子,迁到箕山的北面去。但是老百姓并不跟他走,而是跟从禹的儿子启。这就没有办法了,因此形成后世帝位传给儿子的风气。

"丹朱之不肖,舜之子亦不肖;舜之相尧、禹之相舜也,历年多,施泽于民久。启贤,能敬,承继禹之道;益之相禹也,历年少,施泽于民未久。舜、禹、益相去久远,其子之贤不肖,皆天也,非人之所能为也。莫之为而为者,天也;莫之致而至者,命也。

"匹夫而有天下者,德必若舜、禹,而又有天子荐之者;故仲尼不有天下。继世而有天下,天之所废,必若桀、纣者也;故益、伊尹、周公不有天下。伊尹相汤以王于天下,汤崩,太丁未立,外丙二年,仲壬四年。太甲颠覆汤之典刑,伊尹放之于桐;三年,太甲悔过,自怨自艾,于桐处仁迁义,三年,以听伊尹之训己也,复归于亳。周公之不有天下,犹益之于夏、伊尹之于殷也。孔子曰:'唐、虞禅,夏后、殷、周继,其义一也。'"

尧的儿子丹朱是不肖之子，大舜的儿子也是不肖，不像他父亲那么好。舜帮助尧治天下，禹帮助舜治天下，都有二十几年，将近三十年，相当于一世的长久时间，也是半生岁月的行政经验。对下面而言，老百姓因他施政而得的恩惠太多了；对上面而言，跟天子所学的经验，也太多了。这种经历，得来实在不易，对于上下之间，不同意见相互交错地调和，历经三十年的磨练，顽铁也成了精钢。

"启贤，能敬，承继禹之道"，禹的儿子启，本身很贤，能够敬一切的人，敬一切的事，承继禹的道统，秉承他父亲治国治事的精神。关于启的记载，古代另有一种标点法，就是"启贤能，敬承，继禹之道"。

伯益是大禹选择继承天下者中的一人，伯益虽帮忙禹治天下，但历练少，行政经验只有七年，尤其古代交通不便，老百姓真正接近他、受过他恩泽的，时间的积累上还不够。所以用舜、禹、伯益三个人历史上的记录来研究，就知道执政与时间、行政经验有关系，时间加上行政经验，差别就很大了。

这也说明了，做人做事非常重视经验，经验就是修养，也是学问。经验多了，成功已有一半；如年轻人有冲劲，但没有老年人的经验，成功的成分只有三分之一。如果因一股冲劲而成功的，那是天命，非人事也。年轻人的冲劲和老年人的经验，能配合上了，那就非成大功、立大业不可。至于他们的儿子，贤或不肖，孟子说"皆天也"，这是天命，所以三分人事，七分天命，不是人力所能全部做到的。

孟子又说："莫之为而为者，天也；莫之致而至者，命也。"

什么是天？不可思议，讲不出来的，可是确实有这样一种作用，等于佛家说的"业""因缘"。缘又是什么？讲不出道理，不可思议！这就是天；什么是命？莫名其妙就撞上了。有的人，笨蛋一个，可是他发了财，但并没有什么本事，什么理由呢？只好归诸命。例如许多年轻人，生来祖宗父母就有许多家财遗留给他，而他的学问经历人品都不及他人，这就是命。孟子解释到这里，只好向天与命投降了。

孟子精彩的道理来了，他接着说："*匹夫而有天下者，德必若舜、禹*"，一个平民老百姓，没有背景，没有关系，只凭个人的努力奋斗能得到财富、权力，而拥有天下的，他本身的行为道德与功业，必须达到和舜、禹那样的高，并且具备了学问、能力等等。仅仅如此，仍是不行，另外还要有个助力，因为牡丹虽好，尚须绿叶扶持。这也如我在《论语别裁》中提出的，李斯的老鼠哲学，像谷仓中的老鼠，因有所依恃，才能壮大自己。

所以孟子在这里说，一个人纵然有才具、学问、能力、道德，而没有依靠，还是不成的。像孔子，才具好，学问好，能力好，道德好，可是他只能教书，不能有天下，因为没有得到建功立业的机会。

继承家业的一代

孟子说，关于"*继世而有天下*"的人，等于上代做好的一锅饭，下代一下子就把整锅饭端了去，由他独自享用了。那些太子们，就是吃这种饭的人，汉高祖的儿子、孙子，都是如此，把汉高祖煮好的饭，端来吃就是了，这是为"*天之所废*"的。因为吃现成饭长大的人，往往成为失败的祖宗，就像桀、纣一样。

所以为人父母者，不能给孩子们太多享受，孩子们太享受了，就等于"继世而有天下，天之所废"。实际上不是"天之所废"，而是父母害了自己的子女，所以父母必须要培养孩子自立，扶助他站起来。

所以孟子说，像桀、纣这两个坏的，都是因"继世而有天下"，为"天之所废"。也因此，大禹推荐的伯益，不能有天下；伊尹、周公都不能有天下，只有辅助汤和武王来治天下，自己不登上最高的位置。这也就是说，一个人要认清自己的立场。

几年前，有些大学生来向我抱怨，如何不满现实，我告诉他们说，连米长在哪一棵树上，你们都不知道，还在这里不满这样，不满那样，假如把国家交给你们治理，结果不出三个月，只有两个字——亡国。自己一点人生经验也没有，在那里乱想乱批评，毫无用处，也毫无道理。治国不是简单的事，自己在社会上规规矩矩做人，能站起来都不容易，何况为社会、国家、天下办事，更不是简单的了。

年轻朋友们自己要反省一下，你为朋友办事办好没有？办得完全美好的有几件？三五同学在一起时，做到真正和睦、精诚团结没有？三五个人的团结都做不到，两人在一起甚至吵上三天，还想治理社会、国家、天下，真是谈何容易！所以高明的人，先要自知，然后才能知人。老子更说："知人者智，自知者明。"了解别人，还比较容易做到；世界上明白自己的人绝对不容易找到。了解自己的人，才算是明白人，那就开悟了，开悟也就是了解自己，认识自己的本来面目。伯益、伊尹、周公，包括孔子，"不有天下"，就是有自知之明，知道还缺少老天一半的助力，所以这个天下不能拿。

孟子继续说伊尹、周公,"不有天下"的历史故事。

伊尹被后世的史学家推举为中国第一个贤相,实际上,第一个贤相应该是舜,第二个是禹,第三个是伯益。如果说没有做皇帝机缘的贤相,那伊尹算是第一个了。伊尹不但是贤相、名相,也可以说是圣相。

"**伊尹相汤**",所谓"**汤武革命**",伊尹相汤革命,汤拥有了天下。汤死以后,他的第一个儿子太丁未立就死了,由太丁的弟弟外丙接位,但是在位只有两年,又死了。再由太丁的另一个弟弟仲壬接位,只有四年,也死了。最后由太丁的儿子太甲上台,都由伊尹为辅相,他这时已经是五朝老臣,这些继帝位的君王们都是他教育大的。他可以像对孩子一样责骂他们,所有大权都在他手里。可是到了汤的孙子太甲上台以后,这位"继世而有天下"的皇帝,把祖宗好的政治成规风气,一概破坏了。伊尹就召集诸侯,政府高级干部,废了这个年轻不懂事的太甲,以现代民主政治的名词而言,就是实行了罢免权,把太甲罢免了。

在罢免太甲以后,伊尹年高德劭,是五朝元老重臣,行政经验丰富,而且大权在握,如果他自己坐上君王的位置去,并不困难。可是他没有这样做,他只是把太甲送到埋葬他祖父汤的桐山去,软禁起来,让他面对着祖父的庐墓去反省。这样反省了三年,太甲在那里"自怨自艾",这种滋味是很不好受的,正如李后主的词中所描写的:"一行珠帘闲不卷,终日谁来。"一个人关在那里,连一个鬼都不来看他。尤其是当过君王的人,一旦落到这个地步,其寂寞凄凉,更比平常人多了不止十倍,充其量物质生活比常人好一点而已。他在这三年之中悔过,在学问、修养上做功夫，完全接受伊尹对他的教育。

伊尹的伟大就在此，有现成的君王不当，却是尽力地保护、教育太甲，等太甲改过以后，学问、修养都有了成就，还是把太甲迎回到首都来就位，天下还是你家的，这就是伊尹！所以他成为千古的贤相。做这种贤相，比做贤君更难，因为把太甲放到桐山去的时候，自己能对天子的尊荣权力不动心，这是很难很难的。

周公与姜太公辅助武王统一了天下，武王死了，武王的弟弟周公，又辅助侄子成王上台即位。成王当时年轻，不听话，周公于是发明了象棋，教导成王。但是整天下棋也没有用，后来还是把他暂时废了，自己摄政。这一下不得了，全国都传出谣言，说周公要篡位。实际上，周公也是文王的儿子，在后世兄终弟及的习惯下，哥哥死了，弟弟即位是可以的。可是在那个时代，则是严重的问题，因为宗法社会的制度，是立长子，传给长房的。在周公摄政的三年期间，谤书满箧，全国反对他的文书很多。他的另一个兄弟，被封到蔡地的，甚至起兵要反对他，这一切他都容忍了。几年以后，成王教育好了，他又把成王接回来就位，自己不再摄政。所以白居易有四句诗说：

周公恐惧流言日　　王莽谦恭下士时
向使当时身便死　　一生真伪复谁知

许多人死得太早，死的不是时候，往往把一生的冤枉带进棺材里了，可见做人处世之难。所以孟子说"周公之不有天下"，和伯益辅助大禹的儿子、伊尹辅助殷朝商汤的孙子太甲，是一样的。

孔子说，尧舜禅让是公天下，夏后、商汤、周文王继世以有天下。代代相承的天下，有公天下有私天下，但精神是一样的。中国文化的政治哲学，不管是公天下也好，民主政制也好，帝制的私天下也好，只要是造福天下的、造福国民的，就是对的政治，否则就是不对，这就是中国文化中政治哲学的最高精神。

孟子所说的君道，始终围绕在尧舜身上打转，到禹为止，禹以后的君道，他不提了。这是为什么？道理在哪里？在当时许多人不了解，后世许多人也没有太注意，自认直承孔孟道统的宋儒也未必真的了解。宋人有不同意孟子的，像前面所说的两句诗："当时尚有周天子，何事纷纷说魏齐。"

在孟子当时，周朝已到危亡的时候，周天子做得很失体统，天下只有六国争雄，周天子的地位，已不被诸侯所尊重，甚至他本身还不如现代的里长。我们有句成语"债台高筑"，就是孟子当时的周赧王做出来的事——负债太多了，无钱可还，有人来讨债，便搭一座很高的台，自己爬上去，使债权人无法也不敢爬上去讨债。一个中央政府的天子，到了这个地步，比清朝末年的宣统皇帝还不如，如何能够统一天下呢？

在这种情形下，还要孟子去尊王，去秉春秋大义，教各国诸侯保持周朝文化，那比诸葛亮辅佐阿斗还难。历史已经到了该演变的时候了，孟子不好意思提倡革命，只有特别强调尧舜的公天下。他已经知道姬周王朝气数已尽，无可挽回了，这个是关键。孟子只以天下、国家、民族文化为中心，不以周朝是否能继续政权为中心，所以他提倡公天下。反正都是中国人，哪一位高明哪一位上去，不要再打了，已经打了三四百年，天下的老百姓，已经受不了啦!

孟子力赞尧舜的道理即在此,不会有错。几千年以来,大家对孟子的这些言论,骂的骂,讪笑的讪笑,可是对于这种言论的关键,及孟子内心的思想所在,都没有了解,也指不出来;现在,我们可以说得明白了。孟子所做的这些论辩,可以说把吃奶的力气都用出来了,就是不好意思把内心的话直截了当地讲出来。君道者,如此而已矣!他认为,无论诸侯也好,平民也好,只要能够起来,使国家天下太平,他都赞成。孟子是忧国忧民的,如果他晚生一百多年,生在汉高祖的时代,他一定又会感叹,生的时代不好,遇到刘邦这样一个老粗了。

前面所说的,都在中国文化中君道为主的范围,从这里开始,则说到臣道与友道的道理。这里首先讨论的,是中国第一位贤相——伊尹的问题。

臣道的标准人物

万章问曰:"人有言'伊尹以割烹要汤',有诸?"

孟子曰:"否,不然。伊尹耕于有莘之野,而乐尧舜之道焉。非其义也,非其道也,禄之以天下,弗顾也;系马千驷,弗视也。非其义也,非其道也,一介不以与人,一介不以取诸人。汤使人以币聘之,嚣嚣然曰:'我何以汤之聘币为哉!我岂若处畎亩之中,由是以乐尧舜之道哉!'汤三使往聘之,既而幡然改曰:'与我处畎亩之中,由是以乐尧舜之道,吾岂若使是君为尧舜之君哉?吾岂若使是民为尧舜之民哉?吾岂若于吾身亲见之哉?'"

万章又问老师说：根据历史以及一般人的传说，商汤时代著名的首相伊尹，最初只是一个平民，没有办法接近高高在上的君王，便以做得一手好菜的厨师名声，趁机接近商汤的。由此看来，汤似乎是现代人所谓的"美食家"；汤与他先谈烹调术，再谈到其他，发现他有大才，因此请他为辅相，是不是有这回事？

　　这是一个历史的传言，根据《史记》以及其他历史的记载，多半是这样说的。不过司马迁的《史记》中所述，又略有不同。据《史记》的记载，伊尹在未得志时，想有所作为，可是没人赏识，他便投奔到有莘国一位诸侯那里做事。这位诸侯的女儿，嫁给汤为妃子，古代一个诸侯的女儿嫁给天子时，还要带一些男女佣人，视为妆奁的一部分。当时伊尹就想办法，列身为男佣人，随着陪嫁过去。像这种以人口为财产的风俗，在几十年前人口稀少的边疆，仍然保持着，富贵人家的仆人、家僮、丫鬟等，是可以买卖的。因此伊尹以菜做得好，得汤的赏识而接近了汤。

　　历史上有两位名相的出身成为疑案。其中一个是伊尹，另一个是傅说（音悦），也是商朝人，是商代中兴之君武丁的贤相，据说是以做泥瓦工出身而获得武丁的欣赏。本来英雄不论出身高低，如果认真讨论起英雄的身世来，许多名帝王贤相的身世，也都是不可以深究的。可是，人的心理是很奇怪的，当一个人一旦有了声望、地位或财富，就会成为大家挖根挖底谈论的对象、攻讦的目标，甚至把此人祖宗八代、九代、十九代的事情，都挖出来谈。相反的，一个无钱、无地位、无名气的人，即使倒毙在路上，也无人去查他的身份。这在现代新闻学上，谓之"新闻性"，前者放一个屁也有新闻性，后者路倒而死，也无新闻性，这真是人性的一大讽刺。

而且人与人之间的攻讦,归根结底,不外两件事,一件是有关钱财,一件是有关男女;因为这两种事,往往是事出有因,查无实据,不必拿出证据来,只要造成半信半疑、将信将疑的群众心理,就足以致人严重的损害了。所以金钱与男女二事,就形成了最好用的攻讦武器,这也是人性丑陋的一面。

我们了解了这些人生哲学的道理,再来看历史,两千年前的人,也和现代一样,万章也是如此咋咋呼呼地问起来了。他对孟子提出这个问题,好像是在说:伊尹当宰相的来路,也不是最清高的啊!他是用好厨艺的关系,才得向商汤靠拢的,是钻营而得宰相的,请问夫子,到底有没有这回事呢?

孟子说:不!不是这样的。伊尹当时是在有莘国的乡下种田,"而乐尧舜之道",他乐于实行中国传统文化的精神,纵然有人给他很高的地位,很高的薪俸,再给他一千辆四匹马拉的豪华大马车,甚至把天下所有的都给他,但如果属于非法的、不合理的,他连看也不看一眼,是毫不加考虑的。不但如此,凡是不合理、不合法的事,他不会送人一个铜板,也不会收人一枚钱。

所以汤当时发现伊尹是一个大圣人,要请他出来,带了货币请他,这代表了当时的一种礼貌。现在的货币是钞票、银元、铜板、镍币及金币等,古代的货币有贝、帛。所以有人说朋友的"朋"字,就是由"贝"字而来。

说到货币,古代以贝壳为货币,在外面交朋友需要钱,将两串贝挂在身上,就代表了朋友的"朋"字。后世用帛又发展为用黄金,如汉朝皇帝的赏赐,动辄黄金五十镒,现代看来很多,不过,现代有人考据说,汉代用的黄金,大部分为自然铜。例如唐朝法律有"赎铜"的规定，在某种条件下，死刑可以拿一百二十斤铜来赎罪，显见汉唐之时所谓"金"乃指铜而言。南北朝以后，货币也有用绢（布匹）的，皇帝赏赐大臣，常是"赐绢若干匹"的。至于钞票则是自宋代开始，到元朝已流行了。宋元之间还流行使用一种类似支票性质的东西，叫做"飞钱"。这些问题，如果要详细研究，可找《中国货币史》之类书籍来参考，《古今图书集成》都有收集的资料，这里只不过顺便一提。

伊尹是个厨师吗

孟子接着说："汤使人以币聘之"，伊尹看见汤派人带了很多钱去请他，便大声地呵斥起来：钱又怎么样？皇帝又怎么样？你们想用大量的货币来诱惑我吗？我不干！我难道是为了金钱吗？我在这里种田，也是践行传统文化尧舜的精神啊。所以伊尹名利都不要，硬软都不吃。

汤接连三次派人去请他，伊尹都不去，后来他自己头脑转过来了，这样不出来是不对的，是自己错了。等于学佛的人，修小乘道的人，要到高山上人迹罕至之处，搭一个茅棚，万事不管独自清净潜修；而大乘道的人则要入世做事。伊尹本来想，就这样种种田，当一个隐士，行古道，保留中国文化。但细想之下，还不如入世做事，帮助汤成为一个圣君，为天下做一番事业，对老百姓也都有利。与其只想实行中国文化的古道，只想天下太平，不如自己将这理想付诸实施，于是他观念转变了，答应出来做事。

这些都是孟子所说的有关伊尹出来当宰相的情形，与一般历史的记载,都有出入的地方。但是孟子是根据什么资料来说的,就不得而知了。

历史上说伊尹"负鼎以要(邀)汤",就是带锅子去见汤;另一人叫傅说,"傅说版筑",就是做泥水匠。这种版筑的古老建屋方法,几十年前还在使用。前几年,在台湾的山区乡村中,也偶然可以看到。这种土墙房子,和现代的预铸混凝土建筑方法差不多,在地下的墙基开始,用两块木板固定如一木箱,高约一尺到一尺半,厚约一寸,长约五尺,将黏土、稻草或苎麻或猪毛和匀,倒入木箱中,洒以少许的水,用木杵像在臼中舂米一般,用力舂打至泥土完全结实。然后将两块木板卸下,一截墙就筑好了。再以这截墙为基底,又将那箱形的筑版架上去,再筑更高的一截。如此一截一截筑上去,到需要的高度,再架梁盖瓦,便成一栋土墙房屋。这种土墙房屋,如果不被洪水浸泡,外面涂上石灰,可保持百余年左右,经济而实惠。有的墙中加以浸过桐油的粗大青竹,功效有如钢筋,连台风、地震也奈何它不得,这就是版筑。

我们看到,孟子的学生在这里提出问题,认为伊尹负鼎要(邀)汤,为了出来做事而不择手段的行为,在中国文化的立场上,是被知识分子轻视的,他们的出处有问题。

这种出处的问题,现代的青年不大注意了,以前的读书人则非常重视、注意而研究的。我们认为孟子的观点是对的,虽然历史上说"伊尹负鼎要汤",说他背了一个煮菜的锅而成为宰辅,但孟子说他"**耕于有莘之野**",说他实际上原本不想出来,志在当一个隐士。

为什么说他负鼎?鼎不就是古代的锅吗?这一点,连司马迁都无法考据，只好人云亦云，说他是做菜的；所以这里万章也说"以割烹要汤"，说他是拿菜刀锅铲的。其实"负鼎"是指他自己只有一口破锅，种种田，当隐士，在一个茅草棚中，守着这口破锅不肯出来。我们研究唐宋以后当隐士的情形就知道了。在禅宗的记载中，有些大禅师的折足铛，就是悟了道的人，住到深山里所用的三脚锅。那个锅断了一只脚，要垫上一块砖头，下面才能生火煮饭。傅说的版筑也是一样，自己筑一间土墙房子，上面盖上茅草，在那里当隐士。

再说"负鼎"，意思并不是做菜的，而且在古代，一个做菜的厨师，是不可能跟君王见面的，尤其是后代的皇帝，更不可能。御厨把菜做好，经过十几道转手，最后到了服侍皇帝吃饭的妃子或太监手上，还要马上用银筷子试一下有没有毒。所以厨师是不可能见到皇帝的。所谓"负鼎"一词，这个"负"，是负气，自负才能之负，不是真的背在背上的意思，负鼎就是描写伊尹守着一口破锅，始终不肯出山做事。后来，因为汤再三恳切地请他，他自己也想到应该出来，才答应出来，所以形容他是负鼎而出山。这是我的看法。

所以孟子这里，说伊尹改变主意的理由，是一个重点。我们要注意，万章为什么会突然提起伊尹"割烹要汤"的问题？很可能万章在外面听到马路新闻，大家正在批评，这个时代如此纷乱，孟子有这样好的学问，为什么不出来做一点事？甚至要求万章以学生的身份，去说动他的老师出来。所以他冒冒失失地到老师这里，企图说动孟子。可是万章又很会说话，没有直截了当地说：老师，你就出来做官吧！因为孟子喜欢讲中国文化，他就转弯抹角地，把中国文化中第一位贤相伊尹有关的这一段传说，一下子给提了出来，做一个试探，以免挨骂。如果孟子责备起来，他可以推说研究历史，如果孟子透露了愿出山的意思，他也可以趁机进言。

其实孟子早已知道万章提这个问题的本意，所以他说到这里，仍借伊尹之口说：

> 天之生此民也，使先知觉后知，使先觉觉后觉也。予，天民之先觉者也。予将以斯道觉斯民也，非予觉之而谁也？思天下之民，匹夫匹妇，有不被尧舜之泽者，若己推而内之沟中。其自任以天下之重如此，故就汤而说之以伐夏救民。吾未闻枉己而正人者也，况辱己以正天下者乎？圣人之行不同也，或远或近，或去或不去，归洁其身而已矣。吾闻其以尧舜之道要汤，未闻以割烹也。《伊训》曰："天诛，造攻自牧宫，朕载自亳。"

孟子说上天生这些人，是要已经悟了的人去教化未悟的人；我总算在人类中有点头脑，算是悟了的，我也承认我是一个先觉，也想教化别人，这个责任在我，我也不逃避这个责任。但是负这个责任，不一定要出来从政啊！传播文化种子，一样可以挑起这个责任呀！

这些话，都和禅宗的歇后语一样，前面说一个话头，后面的话是给听话的人自己去参悟，"非予觉之而谁也"，如果不由我去教化由谁去教化？这是话头，下面的话，就要万章去参了。

孟子又说：伊尹后来答应汤的要求出来，是他觉得对民族、国家、社会、人类有责任。看到天下的人，没有得到尧舜那样清明的政治、安居乐业的惠泽，就好像是自己把这些人推到污水里一样，是自己的责任。所以，古代真有圣贤之心的知识分子，自然就挑起这个担子来，以自己的知识、学问，能做多少就做多少。因此他答应出来，并要汤出兵，推翻了夏桀，而救民于水火之中。

孟子下结论说：不管过去的历史、现在的情形，乃至于未来的发展，我从来没有听说过一个人自己出身行为不正，却能够去纠正别人的。

从孟子这句话，我们会有很多感想。历史上许多英雄人物，在他们刚起来的时候，都有点乱七八糟，不正，而后来都成了英雄人物。但是，历史也是最明显的因果记录，怎样得天下的，就怎样失天下；怎样站起来的，后代也一定怎样倒下去，这是千古不易的法则。历史上以不择手段而得天下、成功事业的，把时间一拉长来看，最后的因果，也是毫厘不差。我经常举的例子，清朝以趁机顺手入关，孤儿寡妇，统治了三百年，最后撤走时，还是孤儿寡妇退回关外，岂不是毫厘不差！明朝、元朝、宋朝、唐朝，一路上去，都是如此。所以一个正人君子，不管是个人的事业，或者国家、社会、天下大事，出处一定要正，头正身才正。

所以孟子说：自己弯弯曲曲，耍歪手段出来，而想使别人正直，这是做不到的。更何况，如果是以卑贱可耻的行为而成功的，那伊尹怎么可能成就圣君贤相之功？这根本就是不可能的事情。

基于历史因果的定律，孟子有关伊尹的话，应该是正确的；他这两句话，说明了万章所说"*伊尹以割烹要汤*"是不可能的。孟子并不需要根据历史资料说话，他只需要根据历史的哲学来答复关于伊尹的历史问题。同时他也推翻了万章心里想讲的话，把他的嘴给封住了，等于无形中对万章说：你心里的话不必说出来，你是我的好学生，也不必轻易劝我出山，我是不会答应的。这些话，孟子并不需要明讲，所谓"尽在不言中"，师生两个人都很聪明，相互之间都在打机锋。

孟子最后做结论说：从古以来，圣人的行为与一般人是不同的，"或远或近"，这四个字意义深长，远、近，可解释为时代的远或近，区域的远或近，个人事业前途的久远或目前，或者去，或者不去，干或不干，"归洁其身而已矣"，都有一个标准，就是洁身自好，始终是清清白白的。不论出来当皇帝或当宰相，尽管功留万世千秋，而我还是我，出来时赤裸裸的，清清白白；回去时也是赤裸裸的，清清白白。不因地位、功名、富贵而染污了自己，这是圣人之道，是中国文化的精神。孟子认为，伊尹只是以尧舜之道和商汤见面，两人共同负起改造历史的使命，从来没听说过伊尹是做得一手好菜，因为要拍汤的马屁，与汤接近而坐上宰相的位置，这不是伊尹的行为。孟子又引用《书经》上《伊训》中说的"天诛，造攻自牧宫，朕载自亳"来说明自己的观点。

《伊训》是《书经》中《商书》的一篇，当太甲嗣位，伊尹以五朝三代的老臣身份，写这篇文诰来教训这位年轻继位的帝王。在《书经》中的文字，和这里的略有不同，但意思是一样的。《书经》上的原文是："皇天降灾，假手于我有命，造攻自鸣条，朕哉自亳。"

孟子引用《伊训》的话："天诛，造攻自牧宫，朕载自亳。"这是《书经》上的逸文，就是正史上所没有的记载。这是汤成功以后所说的话,等于汉高祖成功了以后,大封功臣时所说,功最大的是萧何、张良、陈平三杰,指那些冒矢石的武将,不过是他们三人计划中的"功狗"而已。汉高祖讲了真实话,但古人以道德为出发点,不能这样讲,所以汤在《伊训》中的这几句话,等于说,我很有幸,用高车把伊尹请来了。

《孟子》这部书,在文字上似乎容易懂,但也很难读,像禅宗的话头一样,需要参。万章一路下来,都说尧舜公天下,大禹传天下于子,历史上称为家天下,但他不谈这个问题。接下来,就是讨论汤武革命,这也就是前面说过的,如宋代那位读书人的两句诗:"当时尚有周天子,何事纷纷说魏齐",这是一个问题。孟子在这个时候,究竟想干什么?他没有明白表示想要号召诸侯,把这位债台高筑的周天子推翻;但是,他也没有像孔子一样,主张天下尊周。所以读《孟子》的重点就在这里,孟子盛赞尧舜的禅让,紧接着就是讨论汤武的革命。

孔子的进退行止

万章问曰:"或谓孔子于卫主痈疽,于齐主侍人瘠环,有诸乎?"

孟子曰:"否,不然也,好事者为之也。于卫主颜雠由。弥子之妻与子路之妻,兄弟也。弥子谓子路曰:'孔子主我,卫卿可得也。'子路以告,孔子曰:'有命。'孔子进以礼,退以义,得之不得,曰有命。而主痈疽与侍人瘠环,是无义无命也。孔子不悦于鲁、卫,遭宋桓司马,将要而杀之,微服而过宋。是时孔子当阸,主司城贞子,为陈侯周臣。吾闻：观近臣，以其所为主；观远臣，以其所主。若孔子主痈疽与侍人瘠环，何以为孔子！"

有一天，万章又向孟子提出一个问题说：老师！有人说，孔子也是有问题的。他到卫国的时候，是住在一个外科医生家里；在齐国的时候，则是住在佞臣瘠环的家里，这是事实吗？

孔子周游列国时，在卫国住得最久，所谓"子见南子"这件事，就是在卫国。当时的国君卫灵公，后世史家说他不太聪明，实际上卫灵公是一个非常聪明的人，他在死后的谥号得一个"灵"字，也是不容易的。古代帝王，凡是谥号称"灵"的，都有点神经兮兮，但并不是精神分裂症之类的精神病，只是特别敏感，或者喜怒不易揣摩，有一点点神经质的样子，如汉灵帝等都是这样。对于粗暴不仁的，谥号则多用"武"字，如汉武帝、唐武帝等。所以卫灵公是相当聪明的，当时卫国的政治也相当清明，贤人也相当多。在古代，医生（古称巫医）是被人轻视的，每每和巫术放在一起，尤其以外科医生为甚。像痈疽这种外科是动刀的，为人们割疮，平常则是挑一个招牌，属穿街走巷串村落的江湖郎中之类。

万章提出这个问题，是有所感慨的，好像说：老师，你既然不想出来做事，不想功名，那么就以前辈圣人来跟你比一比吧！于是提出了这个问题。

自古迄今，观察一个人，往往就看他所交的朋友，所以年轻人出去，交游要特别慎重。像孔子这样的人格、修养、学问、道德，竟然寄住到一个外科郎中和一个佞臣家中，接受他们的招待。万章言外之意，是对孟子说，即使是孔子这样的前辈圣人，到了困难的时候,这样"明知不是伴,情急且相随"的事情,也干得出来。

孟子说:不!不是这样的,这是后世那些喜欢造谣生事之徒说的,不是真实的事。这就像现在有些文人,为了稿费而乱写的历史小说一样。事实上,孔子在卫国的时候,招待他的是颜雠由,虽然地位不高,却是一位正人君子。其实当时在卫灵公面前,有一个最得宠的大臣弥子瑕,他的太太和子路的太太是姊妹,弥子瑕和子路是连襟。弥子瑕既是卫国的权要,随时可与卫灵公见面,弥子瑕曾对子路说,请你的老师和同学们住到我那里去,卫灵公常到我那里,随时可以见面谈话,欲当卫国的宰相,保证可以办到。子路也曾经将弥子瑕的这番话,报告给老师,孔子听了以后,在我们想象中,他也许笑一笑,然后对子路说:人生的出处,自有天命的安排,我不想这样做。因为孔子是讲究正命的道理。孟子举出这些事例,然后说:"孔子进以礼,退以义",孔子在进退之间,都有他的道理。

青年人要注意,在接受学校教育毕业后,到社会中去工作,第一步的"出处"很重要,走错了很难转回来,所以人一进一退,都要恰到好处。孔子在《易经》中说:"知进退存亡而不失其正者,其唯圣人乎。"该进的时候晓得进,该退的时候立即退,该站的时候站,该躺下去的时候躺下,要做得恰到好处是很难的,只有圣人才做得到。

所以孟子说孔子,一般人说他在卫国和外科医生做朋友,在齐国和佞臣做朋友,这是别人诬蔑他、毁谤他的话,普通人都不会这样做,何况是孔子这位圣人。如果他真的这样做的话,那就是无义无命了,孔子绝对不会这样做的。

孟子继续又举出一件史实来证明，他说，孔子在鲁卫之间最落魄不得意的时候，受到宋国的司马桓魋迫害，他讨厌孔子，准备把孔子杀掉，孔子得知消息，换了衣服，化装逃出来。

孔子当年已极有声望，周游列国时，虽然只带部分门人，但因有三千弟子散居各国，所以各国诸侯对他都存有戒心，谁还敢用他？更怀疑他是否是来造反或当难民的。

历史上描写他过宋之时，逃出来在一棵大树的旁边休息，宋国的司马，略似现代三军总司令，那个名叫桓魋的，派兵把这棵大树拔掉。这是文字表面上的意思。中国古代的文字，因为太简化了，的确难懂。桓魋要杀孔子，拔他旁边的一棵大树干什么？这种以文释义的解释，是不通情理的，读古文遇到这种讲不通的地方，就要加以研究了。

桓魋当时有兵权在手，是派兵要追杀孔子。我们知道，孔子深通六艺，六艺包括礼、乐、射、御、书、数，其中射与御分明就是武事，而"数"并不只是现代的数学，而是包括了天文、地理、韬略，等等，可知孔子并不是不懂军事的。虽然也曾有人向他请教兵法，他说不知道，那只是一种推托之辞，因为他不主张以武力解决问题，而主张行仁义以治天下。这次他从宋化装跑出来，也是保持这个原则，逃出来以后，为了自卫，选择地形把学生部署好，以丛林为掩护。桓魋没有办法，就派兵去砍伐丛林，准备作战。孔子尽可能地不打，在桓魋的兵忙于砍树的时候，就趁机逃出来了。

孟子说，孔子在最落魄失意又困难的时候，是住在宋国的一位贤大夫司城贞子的家里。司城贞子的身份是陈侯，陈国这时已经破灭了，但国家未完全灭亡，所以仍算是周天子的臣子。孔子在如此困难、危险的时候，宁可冒生命的危险，也不会随便去住到其他人家里。

最后孟子做结论说："吾闻：观近臣，以其所为主"，据我所知道的，观察一个君王身边当权派的大臣，就看他所接待的，是什么样的宾客；再看他所交游的朋友，是正人君子还是酒肉朋友，就知道他贤或不贤。观察一个远臣，就是远游的人，就看他住在什么人家中。如果说孔子在远游的时候，会随便住到像痈疽与侍臣这种乱七八糟的人家去，那孔子也就不叫做孔子了。

万章在这里为什么提出孔子住在何处的问题来，这又有什么相干呢？这中间就有可研究之处了。

这时，孟子也正是相当倒霉的时候，万章心里的话是在说：老师，你老人家迁就一点吧！对一些有地位、有办法的人，点一个头，多打一个招呼，你就有办法了，我们也就有办法了。可是，老师你就是不肯低头。万章不好意思把这个话说出口，只有举出孟子最佩服的孔子来举例；意思是说孔子临到困难的时候，都会变通，你既然这样捧他，就仿效仿效他也无妨啊。而孟子答复他的话，也非常的妙。

古人把这些话，记录下来成书，如果从文字表面上看，只是两师生讨论百年前孔子曾经住在哪一家的问题，这不是浪费吗？我们将它的上下文连贯来看，自然就会发觉它深远的道理了。

万章接着又提出一个问题。

百里奚助秦的多种说法

万章问曰："或曰：'百里奚自鬻于秦养牲者五羊之皮，

食牛以要秦穆公。'信乎？"

孟子曰："否，不然，好事者为之也。百里奚，虞人也。晋人以垂棘之璧与屈产之乘，假道于虞以伐虢。宫之奇谏，百里奚不谏。知虞公之不可谏，而去之秦，年已七十矣，曾不知以食牛干秦穆公之为污也，可谓智乎？不可谏而不谏，可谓不智乎？知虞公之将亡，而先去之，不可谓不智也。时举于秦，知穆公之可与有行也，而相之，可谓不智乎？相秦而显其君于天下，可传于后世，不贤而能之乎？自鬻以成其君，乡党自好者不为，而谓贤者为之乎？"

在这里，万章似乎在对孟子使用武功上的"谭腿"招术，一招接一招地打出去，好像孟子住在万章这位学生家里，经济力量撑不下去的样子，心里在发急，想说"老师，你老人家可别坐吃山空，到外面做个官吧"的味道。这当然是一句笑话。反正，他总是希望孟子出山，用伊尹说不动，用孔子也说不动，现在他又提出春秋时候的百里奚来。

万章说，历史上说百里奚自己卖身，不过"自鬻"两个字，只是在《孟子》这本书上万章这样说他的。这两个字相当重要，"自鬻"就是自己卖身，等于说他当时穷困潦倒，虽然拿了一张毕业文凭，但到处找不到工作，没有办法，只好自己卖身了。

古人卖身的情形，现代三四十岁以下的人，没有看见过，不会知道。如果是年纪大的人，还是见过的。当年军阀盘踞北方的时候，黄河两岸，遇上水灾、蝗灾的荒年，当地的居民无以为生，"逃荒"到长江以南的鱼米之乡来，就有人自己卖身。乃至在抗战期间，西北、西南的边疆地区，还有穷苦的人出来卖身,他们用稻草像打结一样,但不将两端拉紧成结,编成一个圈圈,插在头上,表示卖身,给人家当奴仆。古代的奴仆,有时价钱很便宜,像抗战时边疆地方,无论男仆女奴,一包女人用的绣花针,就可买到一个奴隶。如果买年纪较轻、身体健硕的女奴,再加两根头绳就可以了。女人束发的彩色带子就叫头绳。在夷区中,有的俘虏被卖来卖去,一生被辗转贩卖,到最后欲想赎回,都难以做到。

万章说百里奚自己卖身,只得了五张羊皮的价钱,就成了人家的奴仆,做割草喂牛的苦工。由于他把牛喂得肥肥的,被秦穆公看见了,问他用什么方法把牛养得这么好,于是两个人讨论畜牧学,后来秦穆公请他当宰相。

但现在历史上我们可查到的数据,并不是万章所说的那样,历史上的记载是:"在周惠王丙寅二十二年秋九月,虞大夫百里奚奔秦,秦始得志于诸侯。"他是第一位以客卿的身份相秦而使秦国开始富强起来的,他在诸侯之中,是有地位的宰相。

司马迁的《史记》则说,当晋国打败虞、虢两个国家的时候,虞国连国君都被俘虏了,而百里奚是虞国人,被虏后送到秦国,成为秦穆公夫人的奴隶。百里奚就逃出秦国,到南方"宛"这个地方——即现在的南阳市,可是又被楚国人抓去了。这时,秦穆公知道他在虞当大夫时的贤能,就以五殻羊皮把他从楚国人的手里赎回来,当时百里奚已经七十多岁了。秦穆公把他赎回来以后,和他讨论国家大事,他非常谦虚地自称亡国之臣,没有资格谈什么国家大事,结果两人谈了整整三天,秦穆公就把国家大政交给他了。

在推举他的人之中,有一个是有远见的朋友蹇叔,百里奚在谦让的时候说，他得以脱离在齐国的穷困而到周去，也是蹇叔帮忙。周王子颓好牛，百里奚曾经为周王子颓养牛，等到颓要用他的时候，蹇叔阻止了他。周惠王二年，周王子颓作乱，到周惠王四年，颓被杀了，幸亏当年蹇叔阻止百里奚为颓所用，才没有被牵连进去。后来百里奚做了秦国的辅相，因为他是由秦穆公以五羖羊皮赎回来的，所以后世又称他"五羖大夫"。

百里奚当了秦国的宰相，可以说是富贵到了极点，可是当初他离开家和太太分别的时候，因为家里贫穷，他太太杀了一只孵蛋的老母鸡为他饯行祝福，可是连烹鸡的柴火都没有，只好砍下一个门斗——现在到乡下的旧式房子还看得到这种装木门的门斗——当柴烧，将鸡烹了给他吃。后来，他当了秦国的宰相，还未及去接他的太太，太太得知他当了宰相，就到秦国找他。当时可不比现在，可以在街头拿起公用电话，打一个电话就联络上了，那时一个外国的贫妇，想见当朝宰相，谈何容易？！连在门口多站一下，也可能被抓起来治罪的，所以等了十年也见不了面。她实在没有办法，自己卖身到宰相府中当浣妇——清洁工，才看到丈夫坐在大厅上。她就弹了琴唱起歌来说："百里奚，五羖皮，忆别时，烹伏雌，炊扊扅。今日富贵忘我为。"百里奚听到才想起了往事，查问之下，才和他的太太重聚。这首歌名为"琴歌"，也是一首有名的古诗，不过这是后汉时的应劭所写《风俗通》中的叙述，已经和百里奚相隔千把年了，而且是收集自社会上流传的民歌，它的正确性，也是可怀疑的。

孟子对万章这个说法不承认，他说：没有这回事，这也是多事者说的。换言之，孟子在这里等于对万章表示，你想卖我，我就是不卖。

孟子说：百里奚是虞国人，并不是那么穷苦的，他也是虞国的大夫。在周惠王癸亥十九年的时候，晋国用"垂棘"，产玉名地所出最好的玉，以及晋国产马著名的"屈"地的良马送给虞国，向虞国借道路去打虢国。虞国的另一位大臣宫之奇表示反对，建议虞国的国君不要答应；百里奚则一句话也不说，因为他知道虞的国君，不会接受这种意见，如果说了话，说不定自己要被杀的，所以他干脆不说话，跑到秦国去了。这时百里奚已经快七十岁了。

孟子一口气又接下来说——

他到秦国已经是七十多岁的老头子了，还有这个体能、精力，来以放牛、喂牛的方法，去和秦穆公见面吗？这是不可能的。而且这种方法不好，将来对他的声名会是一种污辱，他如果这样做，能算是智慧吗？他对他自己国家的国君，在国家危险时，都不说一句话而离开，这是他的智慧，但是他"知穆公之可与有行也"，所以才去秦国施展他的抱负。他是这样极有智慧的人，还需要去卖身吗？他当时认清楚了天下大势，只有秦穆公还有作为，一眼看准了，所以就到秦国去实现他的抱负，使秦穆公扬名天下，传于后世，这要大贤大智的人才能做到。至于自己卖身，连一个乡下人，稍稍爱好自己品德的人也不肯干，何况一个有修养、有学问的人呢？当他第一步站出来的时候，会不择手段吗？这样一想，就知道你们所说的是民间传说，是靠不住的。

历史的记载，不一定与事实相符，有时候是写历史的人，对某一个人有主观成见。人想做到大公无私是很难的，例如唐朝的历史，当时有一位大学者王通，唐太宗以下的开国将相，大部分是他的学生，可是唐朝的历史之中，连一篇王通传记都没有。因为王通和唐太宗的舅子长孙无忌不和，写史的人惧怕长孙无忌的威势权力，而不敢写王通，所以有时连正史都靠不住，更何况万章这里发问时，一开头就是"或曰"，用了不肯定之词，以现代语来说，是"闪烁其词"。也可能是万章由于存心想逼孟子出来，故意说百里奚是"自鬻"的。所以孟子答复的话，也等于是辩护时拿出来的理由，可以说是有相当道理的。同时，他这样答复，是在替百里奚辩护，也是自辩，等于暗示万章说，不必再来游说我了，你希望我卖身给人，马虎一点站出来做事，我孟轲是不会这样做的。

万章章句下

孟子与万章

四种典型的人

> 孟子曰:"伯夷,目不视恶色,耳不听恶声。非其君不事,非其民不使。治则进,乱则退。横政之所出,横民之所止,不忍居也。思与乡人处,如以朝衣朝冠坐于涂炭也。当纣之时,居北海之滨,以待天下之清也。故闻伯夷之风者,顽夫廉,懦夫有立志。"

孟子好像在这里自言自语,又提到伯夷、伊尹、柳下惠、孔子,这几个不同类型的人,好像并不是万章提出来的问题,可是却放在《万章》篇中。

为什么孟子这几段话会放在这里?读古书要另外带一只眼睛,才能看清楚他背后的意义。

以现代的编辑技巧而言,这种手法也非常高明,前面说的是尧舜,讨论君道;接着是谈伊尹几个人,讨论臣道;后面接着,万章问友道。在万章提出友道之前,孟子这里又列出四个典型人物,谈他们的立身出处,这是孟子自己说的,并没有人问。宗教家的教化方法也是如此。如佛经里,有些是佛自说的;有些是受教的人有疑惑提出问题,而佛加以解说的;有些必须受教者问到时,佛才可以说,也才应该说的。所以这些说教的方法,都有其很深的意义存在。

其实,关于伯夷的问题,在《公孙丑》上、下章中,已经讨论过了,现在为了四个不同典型人物的并列,又在这里做一次重复的讨论,这就是编辑的手法,读者要另具慧眼,才能看到《万章》篇中的重心所在。当然，如果不好好用心去读，还是找不出重心，必须在读完以后，再加以寻思，把全书融会贯通，就会找到它的要点了。就如一串珠子，放在盘中，看来似乎散乱，但能看到那串珠子的线头，轻轻一提，就是一串彩色的排列有序的念珠。也等于医生治病，下针即可得穴道。所以，这时的《孟子》，看来不再像一段一段教条似的，前后随便倒置，而是气势一贯、脉络相连、组织严密的好文章；也是一则处处有交代、前后相呼应、循序发展的好故事。甚且可以将它改写成现代小说或剧本。

现在孟子说："伯夷，目不视恶色"，伯夷这个人，不看任何不好的东西；一切不好的声音，他也不听。当然，五官、四肢、心意所能接触的一切不好的色、声、香、味、触，他都不去接触，心中也不起坏念头。在立身出处上，凡是他认为不够格的领导人，就不跟这种人合作，不为他做事。他本来是纣王的宗族，因厌恶纣王的无道而离开了；对于下面，认为不够资格由他来领导的，他也不愿做这个地方的长官。只有在天下治平、社会上轨道、可有作为的社会，他才出来做事；生逢不可救药的社会，他就退隐。因为他不愿在横行霸道的政权与社会势力之下住下去，也不愿意与愚痴的乡巴佬相处，他认为如果处身在这种环境之中，就如同穿了大礼服却坐在污泥地上一样地难过。

孟子把伯夷这个人的思想、个性、人格，描写得一清到底，绝对的清高。世界上的确有这样的人，可以说是真正的"清流派"，伯夷就是代表人物，看起来古怪，几乎不近人情，可是他只顾自己一味地清高。

孟子说：当纣王为殷商的天子时，伯夷逃开了，住到北海的海边去，可能在现今山东烟台一带，乃至于靠近韩国的海边住下来。他在这种边区,少与人往来,也看不见政治、社会的阴暗面,眼不见为净,以等待政治的安定、社会的澄清,就是这样地退隐了。

孟子说:伯夷这一种清高的风范,对社会发生的影响,是使冥顽不灵的人,个个都廉洁起来。有些生活行事严肃、懦弱的人,憨头憨脑的人,有自卑感的人,表面上傲慢的懦夫等等的人,也能够立志。

这是孟子所说的一种典型,不妨名之为伯夷型,或伯夷格,这是第一种人。

第二种是伊尹型,大部分都是重复《万章》上篇中的话。

伊尹曰:"何事非君,何使非民?"治亦进,乱亦进。曰:"天之生斯民也,使先知觉后知,使先觉觉后觉。予,天民之先觉者也,予将以此道觉此民也。"思天下之民,匹夫匹妇,有不与被尧舜之泽者,若己推而内之沟中,其自任以天下之重也。

孟子说:伊尹讲过"何事非君,何使非民",伊尹这个人,平和通达,谁当老板都一样,我都使他变成圣人。任何一个老百姓,都是好老百姓;任何一个部下,都是好部下。因为,这一切都在于我如何去辅导、运用,使他们能发挥才能。太平盛世要去做,乱世社会更要努力去做,这就是佛家大乘的精神。伊尹是这样一个理性的知识分子、士大夫,自认天生有他的责任,所以,在任何环境下都不放弃努力。

下面孟子再把柳下惠作为第三种类型的人,加以说明。

柳下惠，不羞污君，不辞小官；进不隐贤，必以其道。遗佚而不怨，阨穷而不悯；与乡人处，由由然不忍去也。"尔为尔，我为我，虽袒裼裸裎于我侧，尔焉能浼我哉？"故闻柳下惠之风者，鄙夫宽，薄夫敦。

大家都知道柳下惠这个人"坐怀不乱"，这里孟子说柳下惠的人格是不会受污染的，老板乱七八糟也没有关系，待遇虽少，仍然替他做事，老板是老板，我是我；小官可以干，大官也可以做。有好的人才，就把他推荐出来；做好事、有功劳的人，也毫不隐瞒替他宣扬，但是不乱拍马屁。假使有人忘记了他，被放在冷冻库里，他也没有牢骚，心里也不怨恨。穷困的时候也不自卑，和愚痴的乡巴佬在一起，也可以相处得很好，因为这些人天真、说老实话，虽然说粗话，但他对他们有些友爱，不忍心离他们而去。柳下惠认为：你是你，我是我，朋友混蛋，我不混蛋，你脱光了在我旁边也没有关系；你虽然脱光了，可是我还是衣冠整齐哩！你的污点，到不了我身上来。

所以柳下惠又是另一种人格，能学到他的这种人格和作风，就算原来很小器、锱铢必较、心量不宽的人，都会把器量放宽，尖刻的人也会变得敦厚起来。

下面第四种，是孔子型。

孔子之去齐，接淅而行；去鲁，曰："迟迟吾行也！"去父母国之道也。可以速而速，可以久而久，可以处而处，可以仕而仕，孔子也。

孟子说，孔子离开齐国的时候，说走就走，刚刚看到情形不对，米都洗好了，连饭也不煮，立刻就走了。

孔子在齐国的时候，齐景公想用孔子，便和他的宰相晏婴商量，晏婴说了一些理由反对掉了。这消息一传到孔子的耳中，孔子立刻就走。后世误会晏子排挤孔子，其实孔子和晏子是很好的朋友，晏婴知道，如果孔子被齐国留用，将来一定会身败名裂的，所以为了爱护孔子而反对。孔子后来赞他："晏平仲善与人交，久而敬之。"这时晏子已经死了。

因此，孔子离开齐国，是因为齐国想用他，他不能也不愿被用，所以他一听到这个消息，知道情形不对，马上就走。

至于他离开鲁国的时候，口里说走，留了几个月都还没有动身，天天说"我要走了"，还是没有走，因为那是他父母之国，不忍心离开，所以"可以速而速，可以久而久，可以处而处，可以仕而仕"，这是孔子。

所有的这些人格典型比较下来，孔子是"圣之时者也"，他做任何事，都有他的分寸，该多一分的他加一分，该少一分的他减一分，绝对不会马虎。

几种人格的典型，都放在面前，看我们要做一个哪样的人。另外，还有一种人格的类型，要我们来评估了，那就是孟子本身的人格。孟子究竟是怎样一种形态？大家研究《孟子》以后，不妨给他一个评价。

下面是孟子为他们四人下的评语——

孟子曰："伯夷，圣之清者也；伊尹，圣之任者也；柳下惠,圣之和者也;孔子,圣之时者也。孔子之谓集大成。集大成也者,金声而玉振之也。金声也者,始条理也;玉振之也者,终条理也。始条理者,智之事也;终条理者,圣之事也。智,譬则巧也;圣,譬则力也。由射于百步之外也,其至,尔力也;其中,非尔力也。"

孟子说:伯夷是"圣之清者",清高到极点。伊尹是"圣之任者",对天下有责任心,治世要救,乱世也要救;好人要救,坏人更要救。这是大乘菩萨道,只有自己来承担责任。柳下惠是"圣之和者",到处都能与人和平相处,和而不同,同流而不合污。孔子则不同了,是"圣之时者",他看时事对与不对,时间、空间、环境需要或不需要,该或不该,能或不能,综合起来,再决定出处做法,这是"圣之时者",所以孔子是这几种人格典型的"集大成"。

后世元朝封孔子为"大成至圣先师"的"大成"一词的理念,应该是根据这里来的。所谓"集大成",就是"金声而玉振之",成语"金声玉振"就是出自此处。用现代的话讲,"金声"就是现代人说的"某人的人格响当当的";"玉振"则是清楚的,不是糊涂的、混浊的,是玉敲出来叮叮响的声音,清脆而播送得很远。有道德修养只是圣人的一半,更要有道德的行为,并有高远的智慧。智慧譬如巧妙,圣譬如力量。智慧是般若,要灵活运用;圣是功夫,要一点一滴做出来。

圣人的这两项很重要,如佛家的定慧等持,智慧再高,没有定慧的行愿是不行的。而智慧是巧,亦不容易,有人会用力不会用巧,有的很巧而没有功力。如同射箭一样,在一百步外能够弯弓而射，那是功夫，是力量，是圣；可是能否射中红心，则是巧，是智慧。两种同等重要，智慧与行愿修持，如车之两轮，缺一不可。

北宫锜问曰："周室班爵禄也，如之何？"

孟子曰："其详不可得闻也。诸侯恶其害己也，而皆去其籍。然而轲也，尝闻其略也。天子一位，公一位，侯一位，伯一位，子、男同一位，凡五等也。君一位，卿一位，大夫一位，上士一位，中士一位，下士一位，凡六等。天子之制，地方千里；公、侯皆方百里，伯七十里，子、男五十里，凡四等。不能五十里，不达于天子，附于诸侯，曰附庸。天子之卿受地视侯，大夫受地视伯，元士受地视子、男。大国地方百里；君十卿禄，卿禄四大夫，大夫倍上士，上士倍中士，中士倍下士；下士与庶人在官者同禄，禄足以代其耕也。次国地方七十里，君十卿禄，卿禄三大夫，大夫倍上士，上士倍中士，中士倍下士；下士与庶人在官者同禄，禄足以代其耕也。小国地方五十里。君十卿禄，卿禄二大夫，大夫倍上士，上士倍中士，中士倍下士；下士与庶人在官者同禄，禄足以代其耕也。耕者之所获，一夫百亩；百亩之粪，上农夫食九人，上次食八人，中食七人，中次食六人，下食五人；庶人在官者，其禄以是为差。"

这一段是讨论周朝分封建国的政治制度问题，这里只有这样一点资料而已。关于各朝代政治制度问题，我国有专书讨论，如《十通》等一类的书，可以研究参考，所以在此不多讨论。

下面这一段,是万章提出来的友道问题,就是君道、臣道,一路讨论下来之后,开始讨论友道。友道就是朋友的关系,朋友之道是讨论一个人处世之道,尤其是一个知识分子,在社会上该怎样自处。

这一段可以与《礼记》中的《大学》《中庸》《内则》《儒行》等几篇连起来研究。《儒行》《内则》两篇,就是阐述一个知识分子,应该怎样做人、怎样做事、怎样交友,人与人之间该怎样相处的道理以及要点。

交友三原则

万章问曰:"敢问友。"

孟子曰:"不挟长,不挟贵,不挟兄弟而友;友也者,友其德也,不可以有挟也。孟献子,百乘之家也,有友五人焉:乐正裘、牧仲,其三人则予忘之矣。献子之与此五人者友也,无献子之家者也;此五人者,亦有献子之家,则不与之友矣。非惟百乘之家为然也,虽小国之君亦有之。费惠公曰:'吾于子思,则师之矣;吾于颜般,则友之矣。王顺、长息,则事我者也。'非惟小国之君为然也,虽大国之君亦有之。晋平公之于亥唐也,入云则入,坐云则坐,食云则食;虽蔬食菜羹,未尝不饱,盖不敢不饱也。然终于此而已矣。弗与共天位也,弗与治天职也,弗与食天禄也。士之尊贤者也,非王公之尊贤也。舜尚见帝,帝馆甥于贰室,亦飨舜;迭为宾主。是天子而友匹夫也。用下敬上,谓之贵贵;用上敬下,谓之尊贤;贵贵尊贤,其义一也。"

万章这里提出的问题很简单,"敢问友",就是向孟子请教,朋友之道应该如何。

孟子告诉他说:交朋友之道,人与人之间相交,第一要"不挟长",不以自己的长处,去看别人的短处。例如学艺术的人,见人穿件衣服不好看,就烦了;读书的人,觉得不读书的人没有意思;练武功的人,认为文弱书生没有道理,这都是"挟长",也就是以自己的长处为尺度去衡量别人,这样就不好。第二"不挟贵",自己有地位或有钱,或有名气,因此看见别人时,总是把人看得低一点,这也不是交友之道。第三"不挟兄弟而友",就是说朋友就是朋友,友道有一个限度,对朋友的要求,不可如兄弟一样,换言之,不过分要求。一般人交友,往往忽略这一点,认为朋友应该一如己意,朋友事事帮忙自己,偶有一事不帮忙,便生怨恨。在另一面,对一个朋友不帮忙还好,越帮忙,他越生依赖心,结果帮忙他反而害了他,所以"不挟兄弟而友"。

这三个要点,非常重要,每人如略做反省,就会发现,自己常会犯这三种毛病。

在相反的一面,"不挟长"就是并不因为对方有长处,想去沾一点光。"不挟贵",也不是因为对方有地位、有钱、有权势才去交这个朋友,企图得什么便宜。例如五四运动后,因为胡适之是倡导五四运动的人物之一,因而出名,便有一个文人在文章中写道:"我的朋友胡适之。"其实胡适之并不认识他,直到现在,"我的朋友胡适之"这句话,常被人引用,去讥评趋炎附势、给自己脸上贴金的人。"不挟兄弟"也就是说,不要对只有一面之缘的人,口口声声说:"他是我的老朋友,我们熟得很。"这叫做交浅言深,也是不好的作风。

"友也者,友其德也",交朋友是为道义而交,不是为了地位而交,不是为了利用人而交,也不是为了拜把兄弟多,可以打天下,或如江湖上人"开码头""扬名立万"而交。交朋友纯粹是道义之交,不可有挟带的条件。常有年轻人说:"我们同学很多,将来可成为一帮。"这就是挟带了条件,已经不是真正的友道,只是利害的结合。孔子说,朋友的道义,是彼此规过劝善,不是专说好话。其次,朋友有"通财之义""患难相扶持",不是富贵相扶持。其中以"通财之义"最难做到。自古以来有句俗谚:"仁义不交财,交财不仁义",可见通财之义更难。

孟子再举出古人的几个交友的例子来,阐明他所说的"不挟长,不挟贵,不挟兄弟而友"的友道三原则。

他首先举孟献子为例。孟献子是鲁国当年的第一位大权臣,是百乘之家。古代的百乘之家,富比诸侯,权位等于鲁国的副国君。但是他在友道上了不起,他有五位真正的朋友。孟献子是周朝以来几百年的世家出身。古代贵族永远是贵族,享有读书的特权。那时的社会,读不到书的人,永远读不到书,因为那时的书不像现在,可以随便买得到。那时尚无纸笔,古书的文字是用刀刻在竹简上,一片一片的,像现在我们手上的这部《四书》,就可能要堆积满满六七十平方米的面积。普通人谁读得起书?所以知识分子的家庭,子弟代代相传,永远是知识分子;平民欲想读书,比奴隶想发财都难。孟献子出身于一个贵族家庭,所谓百乘之家,至少饲养四百匹马,当然有很多驾车的人。像这样的家庭,财富、权位都到了极点,可是他只有五个朋友。

照说,这样的家庭,朋友该很多,如战国时,孟尝君门下三千客,这都是朋友啊!都靠他、吃他的。而孟子和孟尝君是先后同时代的人,为什么孟子没有说孟尝君在友道上了不起,而只提孟献子有五个朋友?

孟子说:孟献子五个朋友之中有乐正裘和牧仲两位,另外三人忘记了名字,但这五个人是有道德、有学问、不求功名富贵的。君王想和他们交往做朋友,他们也不来,却和孟献子做了朋友,这就可见孟献子之不平凡。孟献子和他们交朋友,只是因为他们有道德、有学问;他们五人本身既无财富,也无权位,也没有把孟献子家的富贵放在眼里。

这是中国古代读书人、士大夫的精神,所谓"天子不能臣,诸侯不能友"。像尧舜时代的许由,尧去找他,请他当君王,许由赶快逃到溪水里洗耳朵。另一位隐士巢父,正牵着牛在溪边准备喝水,看见许由洗耳朵,就问为什么洗耳朵;许由说刚听了人家说了一番脏话,所以来洗耳朵,并把尧找他当君王的事告诉巢父。巢父说你洗过耳朵的水,牛喝了嘴都会脏。于是把牛牵到上游去喝水。像这一类人的思想行为,成为中国知识分子所标榜的高尚人格。孟献子的五个朋友,就是这一类型的人物。

孟子说,孟献子和这五个人做朋友,是忘记了自己的身份,忘记了自己的家世富贵权位,和他们纯粹就是好朋友。这五个人看孟献子,也不管他的家世,只认为孟献子这个人够格、够条件做朋友,有味道,所以成为朋友。如果他们心目中有了孟献子家世的观念,也早就不和孟献子做朋友了。

这就是孟子说明交朋友的"*友其德*"的原则。

孟子说:不但孟献子这样的世家交朋友有如此好的榜样,就是一些小国的诸侯，也有这种情形的。费国的国君惠公，是周朝分封诸侯时所封的公，当时有公、侯、伯、子、男几种不同的等级。到春秋战国时代，一些诸侯们违反了这个制度，自己开始称王、称霸了。孔子著《春秋》，微言大义，就是批评这些不合理的事情。而费国之君，此时仍自称惠公，是遵守当时的制度的。他自己说做人原则：对于孔子的孙子子思，不敢说是朋友，仍尊为老师；对于颜般这个人，却是朋友，不是老师；还有学问很好的王顺、长息他们，那只是我的部下，替我做事的，我可以命令他们。所以他在"师道""友道""臣道"方面，十分分明。

朋友与政治

曾子曾经说过："用师则王，用友则霸，用徒则亡。"孟子的这种观念，也是继承孔子、曾子的思想，而成为中国历史上的一个定论。如汤之于伊尹，周文王之于姜太公，都是以师道相处；汉高祖之于张良，则在师友之间；刘备之于诸葛亮，则是以友道相待。所以用师道相处则是成王，成功最大；以友道待贤能的人，则可称霸；至于用徒，那就谈不上了，那只是爱用听话的人，只有让被用的人听自己的。用友则不同，可以相互讨论研究的；用师则更不同了，那就不只是讨论，老师说了就算数的。一个当皇帝的人，要听一个老头子的话，要听他说"你非这样办不可"，那还受得了?!这种修养就很难。在感情上最痛快的就是用徒，只晓得当面"山呼万岁"，指东便东，说西就西，错了他也跟着错，绝不提出正确的意见。用这样的人虽痛快，可是有什么用？所以用徒者亡。

孟子又说：中国的历史经验中，不但像费国这样的小国之君有如此的典范，在大国之中，也有如此懂得友道的。就像晋平公对于亥唐这个贤人，也是一样。他去看亥唐，亥唐说请进，他就进去；说请坐，他才坐下；请他吃饭，他也就和亥唐一起吃饭。虽然吃的只是普通的素餐，他也照样吃得很饱，因为怕亥唐说他吃惯了宫廷中的山珍海味，嫌弃亥唐的素餐。但是，他们的交情就到此为止，晋平公并没有请亥唐"出山任职"，权、位、财富，一样也没给他。

这是为什么呢？只因为亥唐是一个贤者，是不愿出来做事的隐士，所以晋平公只是以一个读书人的身份和他交往，并没有以一个国君的身份和他做朋友。这只是私交、道义之交，不涉及公谊。否则的话，如请他做官，给他权、位、财富，他可能和许由、巢父一样，要跑到溪水里去洗耳朵，晋平公反而失去了一个贤人朋友。所以晋平公和亥唐这样的交往，是以一个读书人尊贤，不是以一个国君的立场。

孟子再举尧舜之间的友道。舜是尧的女婿，但在有岳婿关系之前，两人之间也是朋友，后来变成了君臣与翁婿的关系，最后才让位给他。

孟子说：当初舜见唐尧的时候，尧已经赏识这个人，想要他做女婿了，所以"馆甥于贰室"——古礼对女婿也称"甥"的，称"婿"是后世才有的。"贰室"就是副室，是帝王唐尧的副室，在尧隔壁的房间——古代君王的女婿，也称驸马，不是可以随时见到岳父的。在国家的体制上，驸马只是一个臣子，如果没有授给官位，还只是一个普通老百姓，而且驸马是不许干预国家政治的，所以认真说来，驸马是很可怜的。

从前听说公主要选驸马下嫁，一些可能被招为驸马的人家，每向祖宗磕头，请求保佑，千万不要让公主下嫁到家里来。如果公主下嫁到家里，要视为倒霉——每天吃饭的时候，公主坐在首席，公公婆婆反而要在一边陪侍，这种滋味，很不好受的。而尧居然将自己的副室让给舜居住，已经不把舜看成女婿，两人谈得来，尧欣赏舜，把舜当一个朋友接待。开饭时，两人也一起吃，可见舜的学问、道德、见解，使尧十分欣赏。许多事情，舜都提出好的意见，尧都接受，两人是以友道相处。尧与舜在初期的交情，是天子和普通老百姓的友道关系。

这些资料，在别处找不到，只有《孟子》这里提出来。当然，他是应该有所根据的，不会乱编故事。

最后，孟子列举了这几则友道的榜样，做了结论说："用下敬上，谓之贵贵；用上敬下，谓之尊贤；贵贵尊贤，其义一也。"这是孟子为友道下的又一个定义，意思是说，在上位的尊敬下面，就像尧当时对舜尊敬一样。尧的身份是君王、丈人、老前辈，但对舜以礼相待，没有以上级老前辈的身份对待下属，这就是"用下敬上"；以在下的态度，把他提高到平等看，这就是"贵贵"。前一个"贵"字为动词，后一个为名词——舜虽为下属，而尧看他是贵重的，因而就以贵重待他。"用上敬下，谓之尊贤"，这就较次一等了，因为自己仍居上位，为了尊贤而谦虚下士，尊敬别人，在下意识中，不忘自己身份之贵。但"贵贵""尊贤"，道理是一个，不过做法有差别。

《万章》中前面提到伯夷、伊尹、柳下惠、孔子等几种典型，这一段又谈友道的问题。孟子在讲友道时，进一步说明了一个知识分子立身处世的标准。其用意反正还是告诉万章，我自己绝对不会出来的,因为万章总是想说服他出山。

与人交往　礼尚往来

万章问曰:"敢问交际,何心也?"孟子曰:"恭也。"

曰:"却之却之为不恭,何哉?"曰:"尊者赐之,曰:'其所取之者,义乎?不义乎?'而后受之;以是为不恭,故弗却也。"

曰:"请无以辞却之,以心却之,曰:'其取诸民之不义也。'而以他辞无受,不可乎?"曰:"其交也以道,其接也以礼,斯孔子受之矣。"

万章又问到交际问题。交际就是人与人之间的交往。友道、臣道的交往范围较严谨,而交际的范围则广泛,是指人与人之间交往,属于一般普通性的,不一定是君臣、朋友之间的交往。

万章问:一个人与他人交际,应该采取什么样的心理状态?换言之,该以什么心理去与人交往?

孟子说:人与人之间的交往,要有恭敬的心理,不要儿戏,不要马虎,不只是表面打恭作揖的礼貌,要出自内心地恭敬诚恳。

万章再问道:"却之却之为不恭",这句话是什么道理?

现在我们流行两句成语,所谓:"却之不恭,受之有愧。"如果只讲这两句成语,是很有趣的。例如,你送食物来给我吃,我说:"受之有愧,却之不恭。"吃你的,我难为情;不吃呢,对你不恭敬。还是吃掉吧!

却之不恭的道理，就是这样，有时过分的推辞，与轻易地接受一样，都是不恭。我们生活在人类社会中，经常会遇到中国文化中"受之有愧，却之不恭"的情形。每当收到人家东西的时候，接受嘛，心里难过，为什么又花钱买礼物送来？退回去吧，他又会多心。这种时候，就是"却之不恭，受之有愧"。

孟子与万章在这里讨论，不谈"受之有愧"，只讨论"却之不恭"的问题。要看送来的东西，是否合理，是否合礼；如果不合礼仪或不合道理，就要"却之"，不能接受。譬如一位小姐，认识一位男士，见面一两次，这位男士就送一枚戒指，硬拉小姐的手指给她带上。这时这位小姐是"却之不恭"呢，还是"受之有愧"呢？这就要慎重考虑了。如果既不合理、又不合礼，当然婉谢退回，甚至还拂袖而去，骂他鲁莽。这种事，却之才是恭的，受之倒是不恭的。所以恭，不只是外表的恭敬态度，更是内心的庄严，对自己重视，对朋友尊重。

孟子说交际的原则要"恭"，但是万章马上针对这个观念提出一句"却之不恭"来问老师，究竟是何道理。

孟子答复他说，"却之不恭"这句话是用在"尊者赐之"的场合，也就是当长辈、长上有赐赠时，不可拒收，所谓"尊者赐不敢辞"也，否则便是"不恭"。当然，应用这个原则，还要考虑两点，一是对方是否为"尊者"长辈；二是在收受之前应在内心考虑一下："其所取之者，义乎？不义乎？"——即如果我收受了，是合"义""理"呢，还是不合呢？经过考虑，如果认为不收受就是不恭敬，那么就不可再推却了。

其实，这第二个原则也是一般的收受原则，如果是合礼的尊者之赐，所谓"尊者赐，不敢辞"，就要收下。年轻人遇到伯、叔等父执长辈送给东西，不能退回给他说：我不要，这样东西我已经有了。如这样说，多扫长辈的兴！所以即使自己实在已经有了三件，还是不可以说出来，因为长辈是以为这是好东西才赐给你的，那就收下来，让长辈高兴一下也是好的。甚至可以学现代西方人的规矩，收到别人的礼物，当众拆开来，让大家都能欣赏。虽然自己已经有了，或者并不适用，也要表示自己正急需这样东西，而且称赞它的美好。

他们师生二人，就一直针锋相对地讲下去，像在打机锋。

万章继续说：拒绝收受别人的馈赠，似乎不太好做，自己心里判断着"其取诸民之不义也"，如果接受不合礼不合义，或是东西来路不明的话，那么是否可以心中虽拒绝，口头不说出拒绝的真正理由，以"他辞"委婉地加以拒绝。是否可以这样呢？

孟子对这疑问似乎没做正面回答，只是提出孔子的做法"其交也以道，其接也以礼"来说明。事实上等于告诉他的学生：动机不纯的交往、来路不明的东西、一切不义之财，都是不合"道"、不合"礼"的，那就断然拒绝吧，何必扭扭捏捏以"他辞"去拒绝呢？

孟子的真意　朱熹的怀疑

　　万章曰："今有御人于国门之外者，其交也以道，其馈也以礼，斯可受御与？"

　　曰："不可。《康诰》曰：'杀越人于货，闵不畏死，凡民罔不譈。'是不待教而诛者也。殷受夏，周受殷，所不辞也，于今为烈，如之何其受之！"

万章再就具体事例追问下去，说到"御人"之赠。

"御人"在现代语中，像是四川人所说的暴客、暴老二、土匪、强盗，所谓杀人越货的匪徒，强梁霸道，这就是"御人"。但这两个字也可分开，"御"是强夺，是动词，与"人"字合起来是抢劫别人的意思。

这是万章的假定，他说：假定有一个人，在国境之外抢了别人东西，回到国内，却与你做道义的交往，也很有礼貌地把东西送给你，这时候是否接受？

比方现在有一个人，在境外抢了别人的东西，回到台湾来，和你成为道义之交，又很有礼貌地把抢来的东西送给你，只说刚从境外回来，顺便带了点土产，给你做纪念，这样可不可以接受？

万章的这一个问题，问得非常之妙。因为这个"御人"，是在境外抢别人的东西，换言之，并不是抢你我自己人的东西，不管他是盗、窃、骗、占而来，反正与全国人无关。这样的东西，可不可以收？

孟子说：不可，绝对不能接受。根据中国文化传统精神，《书经》上《康诰》中说的，蛮横霸道地杀了人，又强占了人家的东西，一点也不知怕死，对这种人，社会上没有不愤恨的。有这种行为之人，根本不必再教导他，就可以正法了。

他们师生两人讨论至此，竟然说到与强暴之人交往的事情上去了，他们到底是指什么来说的？这些话的真正意义又是什么呢？好像说来牛头不对马嘴。其实这就像作文章一样，非常对题，绝对不是随便说的。

孟子紧接着还说:"殷受夏,周受殷",商汤伐桀,推翻了夏朝,成立了殷商的帝王政权;武王起来革命伐纣,推翻了殷商的政权,成立了周朝的政权天下。而现在这种以攻伐为手段的事更厉害了,所以这种来源的礼物,应该不可以轻易地接受。

对于这段书,宋儒朱熹有注解。对于朱熹,我还是很尊重他的,因为他是夫子,夫子总该尊重的;不过不对的地方,也就是不对。对于孟子的这段答话,朱熹的注解认为:文句中一定掉了字,或者有多余的字。朱熹虽然早于我们一千多年,如果站在今日大学的讲台上讲课,而我是他的学生的话,我也一定举手要求发问,对他说:朱老师;你讲得不对!这段书没有多余的字,也没有掉什么字。因为《万章》篇他们师生之间的对话,一路都是针锋相对的用机锋语,讨论到这里,已经到了巅峰状态。第一,万章再三希望老师出来从政,孟子答复了许多理由,可是双方都在打太极拳,推来推去,不做正面的打法。到了这里,万章突然使出了"大洪拳",虎虎生风,迎面打出,正式地发问了。他说:许多人固然是抢了人家的东西,可是"御人于国门之外",并没有超过范围,这就是指当时战国七雄都是自己称王,所谓齐宣王、梁惠王、秦昭王,等等,都是兼并弱小的诸侯,扩充自己以霸权抢来的天下,可以说都是不义的。

这就是庄子说的"窃钩者诛,窃国者侯",偷人一个带钩,被抓住了是处死;偷了别人的国家,自己就称王。"诸侯之门,仁义存焉",自己当了王以后,又讲起仁义道德了,叫人们不可以拿别人的东西,否则就要坐牢。所以说,五霸七雄的天下、王位,是谁给的啊?都是抢来的,都是"御人"。

万章知道孟子这种心思观念,想说服老师是非常困难的,所以这一段问话，等于劝老师说：这是人家自己去抢的，又不是你去抢来的；而且人家现在干得很好了，来送礼给你，请你干，你为什么不干？

可是孟子还是说不考虑。孔孟之道，以国家民族的千古文化传统精神之发扬光大与持续为前提，以伸张正义为责任，对于不合理、不合礼的事，写历史的都以孔子的《春秋》笔法，加以"贬辞"，绝不将就。所以孟子引用《康诰》的话，认为不合理的就是不合理，绝对不接受。

因此他也说，即使是汤、武的革命，严格讨论起来，在历史哲学上，也是站不住脚的。

不过话说回来，朱熹对于这段话，真的不懂吗？我看他是懂得的，只是不好意思讲出来。因为宋朝开始是赵匡胤陈桥兵变，黄袍加身；严格地说来，是抢了柴家的天下而得来的帝王。朱熹是宋朝人，在当时是不便讲的，只好说可能在这里掉了字。如果朱熹真的不懂的话，那问题就严重了，他这位"夫子"的招牌，可要动摇了。

孟子对这一问题的答复，是义正辞严的。他说，纵然是殷、周的革命，也是"诸侯之门，仁义存焉"。"所不辞也"这四个字，在这里用得好极了，是绝妙的机锋。这四个字，可以解释为商汤、周武他们居然就这样干下去，而不知道"却之不恭，受之有愧"；也可以解释为像殷、周这样的革命成就，不必再挑剔了，因为他们后来有功德，对国家民族的确有贡献。所以古文有时候很妙，虚字眼的运用，正如禅宗所说，"如珠之走盘"，很难下断语。

不过孟子下面的两句话"于今为烈，如之何其受之"，分量更重了,意思是说,现在的社会越来越糟糕了,传统正义文化精神没有了,"如之何其受之",等于说:这种情形,怎么可以随便接受人家的赠予呢?这是不应该接受的。

因此,顺便想到清朝雍正时期的一件事:雍正三年,在整治年羹尧时,蔡珽是第一个公开揭发、弹劾年羹尧的人,并不遗余力地清查年羹尧的财产。年羹尧被赐死后,雍正将没收来的年羹尧的房屋、奴婢,还有金银绸缎,等等,赐给御史蔡珽。蔡珽说,年羹尧的房屋是国家赐给他的,奴婢是隶属于内府的人,而金银财产皆为不可问之物。佛经上说:"审己功德,量彼来处。"我不能接受这个赏赐啊。于是坚决辞而不受。雍正听了大为赞赏,这也是"如之何其受之"的道理。

再看下文,更为明白,因为孟子自己做了更明白的解释,而朱熹说是掉了字或有衍文,如果引用孟子一句话的说法,就是"不亦异乎"?好奇怪哦。

王贼并称

曰:"今之诸侯,取之于民也,犹御也;苟善其礼际矣,斯君子受之?敢问何说也?"

曰:"子以为有王者作,将比今之诸侯而诛之乎?其教之不改,而后诛之乎?夫谓非其有而取之者,盗也,充类至义之尽也。孔子之仕于鲁也,鲁人猎较,孔子亦猎较;猎较犹可,而况受其赐乎?"

万章这位难缠的学生,到这里又要套住老师的话去诘难,他话题一转就转到实际政治社会上去了。他说："今之诸侯，取之于民也，犹御也"，现在诸侯们所有的金银财宝，无非是从人民口袋里拿来的，与盗贼无异。但这样得来的不义之财，拿去赐赏他的宾客、朋友、部下，只要礼貌周到，做出"礼贤下士"的样子，即使再有德行的君子，仍会接受这种馈赠的。这也是不义之财嘛！请问老师如何解释？

万章这一诘问，等于将老师的军，真够厉害的；而孟子这位老师，确实高明，他不正面答复诘难，只举出一个比喻来，申明个中道理。他说，如果现在有一位真正行王道的君主，看到诸侯们如此不仁，你认为他应把诸侯们统统抓起来杀掉，还是先加以教导，如有怙恶不悛者再行诛杀？

这个问题的答案，孟子没有讲出来，书上也没有记载万章如何答复。但显然，这个答案明白得很，当然是"*教之不改，而后诛之*"。这么一来，与前文所说的杀人越货犯，不论任何朝代，都不必再教化即行正法，似乎有所不同。

因此，根据这个比喻，孟子就下结论了："*夫谓非其有而取之者，盗也。充类至义之尽也。*"在原则上来说，凡是"非其有而取"的，都可谓为"盗"。孟子这个说法，只是就其性质的最高原则而说的，然而就具体事实而言，两者仍然是有所不同的。

所以关于盗行的哲学很妙。释迦牟尼佛讲到盗戒时，"王贼并称"。他指出说，假设人有一元钱，自己只能占有到五分之一，因为王拿去一分，贼拿去一分，生病用去一分，家里的人用去一分，只剩下一分由自己支配。而且这一分也是只有使用权，并非所有权。这是释迦牟尼佛对财富的观点。再看自己享受的这一分，说不定放在口袋里又掉了，所以钱财是不可靠的。

孟子在这里所说的内涵，也有"王贼并称"的意思，凡是不合礼的地方，王贼是相等、一样的。正如明代民间流传的一首诗：

> 解贼两金并一鼓　迎官两鼓一声锣
> 锣鼓听来总一样　官人与贼不争多

孟子又怕不够深入，再举孔子为例。

孔子在鲁国也做过官，接受了鲁国的官位，所以孟子说："孔子之仕于鲁也，鲁人猎较，孔子亦猎较；猎较犹可，而况受其赐乎？"

"猎较"两个字，据历代的解释，是在国家要举行大祭的时候，大家喜欢出去打猎，看谁打得最多。并将猎来的动物杀了，拿去祭天地鬼神。

读《孟子》到这里，总觉得这种解释不通。古人认为"猎"即打猎，"较"就是比赛，"猎较"就是打猎比赛，这种解释，有什么根据啊？不但朱熹如此解释，连《十三经》都如此说。我经过仔细研究，对于这一解释，另有观点。因为这几句话的意思，等于说孔子做了鲁国三个月的司寇，有权下令杀人，所以孔子一上来，就把少正卯杀了。千古以来，对这件事都存疑，到底少正卯犯了什么罪？孔子当时曾经宣布过他五条罪状，但是后世还是存疑。而孔子出来做官，鲁国人也不是因为尊重孔子的道德而请他，而是大家在竞争，像打猎一样，在利害上比较打算一下，才请孔子上台的。孟子的意见认为，这样不合礼的事，照说孔子是不会接受的，但是鲁人"猎较"，孔子在这个时候，也"猎较"一下，出来比较一下，将就一次，如能上去把国家天下弄好，也是好的。所以孟子说，孔子是为了救世救人，才委屈自己，去"猎较"一番。他不应该这样做的，但在救世救人的大前提下这样做，还算可以；不过，随便接受人家的赏赐，则不可能，不会接受。

对于"猎较"一词，我的解释，是当时人事上的争斗、排挤、算计。并不是说孔子骑马去跟别人比较打猎，一箭射出去，射得了十只兔子，赢得了胜利，便回来当上了司寇。世界上不会有这样的事情，这是古人对文字弄错了，我们不必以为古人一定是了不起的。若干年后，我们也成了古人，也会被人指出来当招牌的，所以古人也和我们一样，可能有错。所以我们读书，不要完全相信古人，变成"人云亦云"，而应该有自己的见地。

现在，我们可以推翻古人的错误解释了，可是在清朝或明朝以前的帝制时代，就不敢提出这样的主张，因为会有危险。在那个时代，反对圣人是了不得的大罪，几千年来推崇孔孟是大圣人，怎能反对？这就是滔天之过了。民主时代，学说是昌明的，所以把一些古人的错误，要更正过来，不能让文化的精神错下去。

我们接着看下去，就可以证明我的这个观点。

孔子的作风

曰："然则孔子之仕也，非事道与？"曰："事道也。"

"事道，奚猎较也？"曰："孔子先簿正祭器，不以四方之食供簿正。"

曰:"奚不去也?"曰:"为之兆也,兆足以行矣,而不行,而后去;是以未尝有所终三年淹也。孔子有见行可之仕,有际可之仕,有公养之仕。于季桓子,见行可之仕也;于卫灵公,际可之仕也;于卫孝公,公养之仕也。"

万章一听到孟子说孔子"猎较犹可"这句话,好像打拳的,趁对方张开门户,有了空隙,立即一拳过去,对孟子说:这样说起来,孔子当时出来做官,可以将就现实,你老人家又为什么不将就一下呢?因为依你说,孔子当时出来做官,也是委屈了自己,走了一点点歪路,将就了一下,没有完全走直道。

孟子说:孔子的情形是不同的,他走的是直道。

万章说:你刚说的,他出来还是要先打打算盘,先"猎较"一番,如果走直道,又何必"猎较"呢?

孟子说:"孔子先簿正祭器"。这里"簿正"一词,现代的人不易了解,书上的注解有"未详"两字,也就是不清楚。我们知道,古代的书籍是刻在竹片上,名为"简",简的上面挖了孔,用牛皮制的筋,名为"韦",把它贯穿在一起,拼拢来的一端名为簿。所以"簿"字的上面是"竹"字。孔子研究《易经》韦编三绝,把牛皮做的韦都翻断了三次。

孟子这里是说,孔子以正统文化的精神考察古代的文化,以祭祀为先,并不是以四面八方来的机会作为谋生手段,他是以文化精神来竞争的。

对于这一段,我的观点又与古人不同。古人除了以"不详"说明以外,另一注解,硬把"猎较"认定是打猎,说是因为祭品不够,所以要打猎。孔子先对一下数字,怎样安排,不以四面八方的饮食拿来做祭品。这种解释,有什么根据?"不以四方之食供簿正",应该是"不食嗟来之食"的意思,宁可饿死,也不能随便,只有以文化传统的精神去竞争才是正理。

万章说:既然鲁国这样对待孔子,孔子何不走开?

孟子说:孔子怎么可以走开?鲁国是父母之邦,是孔子自己的国家,他要在自己的国家开一个好的风气,造就善因。如果开了风气,大家并不接受,不能发生影响,行不通,这时当然只好离开父母之邦了。因为很伤心,所以犹豫不忍离去,拖了三年,不得已才到国外去。

孟子答复万章所问,说到孔子在鲁国做事及去国的经过,也等于把自己的心境说了出来,所以,孟子与万章师生之间的这段对话,充满了机锋。

孟子又继续举出事证,说明孔子做事有三个方向,这些都是我们立身处世值得效法的。

孟子说:孔子若准备出来做事,是认为这件事对于社会、国家、人类是有意义有贡献的,这就是"**有见行可之仕**"。其次,有的时候,名义、地位都不计较,只当一个顾问、参议,甚至没有任何名义,他也可以在旁边敲边鼓,站在旁边协助,这是"**际可之仕**"。还有第三"**公养之仕**",就是老了、退休了,国家供养他一点生活费,这一点,他就接受了。

孟子说,孔子当时在鲁国出来当司寇的时候,是季桓子请他的,那时他是认为对社会国家会有贡献,所以才出来。而上来第一件事是杀了少正卯。少正卯在当时鲁国有特别的名气、有特殊号召力的"闻人",孔子知道他这种人,将来可能危害社会、国家和天下的老百姓,所以一上台就杀了他,免贻后患。大概孔子干了三个月，便被权臣反攻而下台，可能也与少正卯这件事大有关系。后世反对孔子的人说，少正卯何罪要杀他？

大家不知道，孔子列举出来五条重大问题说："人有恶者五，而盗窃不与焉：一曰心达而险，二曰行辟而坚，三曰言伪而辩，四曰记丑而博，五曰顺非而泽。此五者，有一于人，则不得免于君子之诛，而少正卯兼有之。故居处足以聚徒成群，言谈足以饰邪营众，强足以反是独立，此小人之桀雄也，不可不诛也。是以汤诛尹谐，文王诛潘止，周公诛管叔，太公诛华士，管仲诛付里乙，子产诛邓析、史付，此七子者，皆异世同心，不可不诛也。《诗》曰：'忧心悄悄，愠于群小。'小人成群，斯足忧也！"

这一段是《荀子·宥坐》中的文字，意思是讲，如果一个人，通达世故却用心险恶，心性怪癖而又固执己见，言论谬误而善于诡辩，广为收集和善记别人的丑恶隐秘之事，包藏错误并混淆视听，这五大罪过，少正卯兼有，故诛之。

在这段记载里，同时提到了"太公诛华士"，这在《韩非子·右经》中也有记载，说的是姜太公封齐的时候，受到了当地人的对抗和阻挠，令出不行，社会局势很不安定。为了治理齐地，太公邀聘被时人称为"贤人"的华士出山，但华士以"不臣天子，不友诸侯"为标榜，拒绝了。为了以儆效尤，使政令通达，太公下令诛华士，又用了五个月的时间，才使局面安定下来。

讲到这里，我们又想到东汉的时候，刘备入川，要诛杀蜀中名人张裕。诸葛亮问刘备：什么理由呢？刘备说了两句名言，"芳兰生门，不得不锄"。这两句话，可以概括千古以来诛杀异己的关键所在。

孔子原来有三千弟子，而少正卯一出来，孔子的三千弟子，几乎有一半都被少正卯的谬论迷惑了。在当时而言，少正卯影响力之大，是不得了的，但又不是杨朱、墨子一流。固然，孔子杀少正卯，成为历史的疑案，但我们相信孔子的人格，他是无私心的。在当时，孔子认为自己可以有所作为，有出来从政的价值，所以出来做了司寇，掌管立法与司法；后来眼看良好的风气建立不起来，只得离开父母之邦，去周游列国了。

孔子出国以后，在卫国住得最久，等于是他的第二故乡，卫灵公对他也蛮恭敬的。卫灵公的大臣们，对孔子也很好，像卫国的贤人蘧伯玉，都是孔子的好朋友，所以孔子在卫国很受欢迎，在人际关系上也处理得很好。他并没有出来做官，而是从旁协助。

卫灵公之后的卫孝公，对孔子也很好，给他养老，孔子晚年也喜欢在卫国居住，所以是"公养之仕"。但卫孝公就不像卫灵公那样了，对孔子虽然恭敬，却是属于例行的恭敬，没有特别之处；而孔子也不希望他有特别被人恭敬之处。孔子帮助卫国许多年，年老了该接受的公养就接受了。

这三点，是孔子一生对于立身处世的道德标准：合理的该接受的就接受，不合理的则一毛钱也不要。在礼制、道理上适合的，是恭敬；不适合的、有附带条件的，就是不恭敬，不要。这就是人生的行为哲学，行为的价值，也是尊重自己。孟子与万章的这段对话，充分说明了这个道理。从反面看也很有趣，万章一步一步想诱请孟子这位老师出山从政，万章这样努力，是否是受人之托？是否是热心于救世、救时代？不知道。

读书人自立之道

孟子曰:"仕非为贫也,而有时乎为贫;娶妻非为养也,而有时乎为养。为贫者,辞尊居卑,辞富居贫。辞尊居卑,辞富居贫,恶乎宜乎?抱关击柝。孔子尝为委吏矣,曰:'会计当而已矣。'尝为乘田矣,曰:'牛羊茁壮长而已矣。'位卑而言高,罪也;立乎人之本朝而道不行,耻也。"

孟子说"仕非为贫也",这句话非常好,推翻了宋儒以来历代注解"不孝有三"之中的"家贫不仕",家中贫穷不出来做官。孟子在这里就说了,绝对不会为了没饭吃而出来做官,这不是中国文化中士大夫的精神。一个知识分子,穷得没饭吃,可以出卖劳力赚饭吃,但不能随便出山。

他说:不过,有时候可以将就一下。所谓有时候,是非常灵活的,上面所说孔子"有见行可之仕""有际可之仕""有公养之仕"三个要点,就是属于"有时候";也就是说,在某些时间、空间,对人、对事、对社会、对人类能有贡献的话,就属于"有时候"的条件,但仍然绝对不变更自己的人格节操。

孟子又说:娶妻也不是专门为了生养儿子,但有时候不免有这样一点观念。

他说,一个知识分子,有时候为了生活出来做事,那不是为了求高位,如果生活过得去,则辞掉尊贵的位置,宁可"居卑"。

在四川成都,这座多年前号称"小北京"的名城,看到有些古老的大宅，门口有个门房，整日叼一根旱烟袋，坐在高椅上，遇到访客敲门，他在里面问："你找谁呀？""你贵姓呀？""来过没有？"通过他的盘问才放行。权力既大，工作又轻松，不愁吃，不愁穿，不愁住，其他佣人还要巴结他，见面尊称一声"二伯""四叔"什么的。我曾经想，能做个这样的门房也很不错啊！现在看到一些大厦的管理员也是这样的，比从前更舒服，可惜我坐不到这个位置。这就是后面所说的"抱关击柝"，就是看门的人。过去访客们对看门的，还要送一个红包，谢谢他的通报，可见他的权力。

孟子说，假如为了生活，并不求高位，也不要钱，宁可居下位，得温饱，看看门，管电梯，电梯坏了打电话找工人来修理，又不要自己干，这多好，多舒服！如果只是为了生活，干什么都可以，譬如当守门的、打更的，工作多简单啊！

孟子说：孔子在年幼贫穷时，什么都干过，曾经做过会计，管账管钱，一毛不欠不赔；也当过地政事务的小职员，畜牧场的管理员，为人看管牛羊，因为做事努力，对事恭敬，所以牛也肥了，羊也壮了。孔子在年轻穷苦时，干过很多低位的事，因而经验老到，深知民间疾苦和基层的利弊。另如汉代的陈平、萧何等人，他们的政治见解、智慧，也都是从人生的经验中得来的。

孟子下面的两句话，要特别注意。他说："位卑而言高，罪也"。常听到许多年轻人，讨论天下国家大事，听来令人厌烦。年纪轻，经历过多少事啊？不知天高地厚，这就是"位卑而言高"。甚至连"位"都没有，居然在那里讨论天下国家大事，如果把责任交给他们，不出三天就会出大事。所以"位卑而言高，罪也"，真是一种罪过。

其次,"立乎人之本朝而道不行,耻也",机锋结论出来了,孟子说:假如我出来,在齐国也好,在魏国也好,如果在他的政治体制中,"道不行",改革不了,对他的国家社会没有贡献,这是知识分子的耻辱。如果出来做事,而又不能利世利人,何必站出来!如果为虚名而站出来,那是最可耻的事。

看了孟子与万章的对话问答,就知道他们两人所说的,全部都是"机锋转语",两人都没有明讲,但都知道对方话语中隐含的意思。

靠人救济　靠人生活

> 万章曰:"士之不托诸侯,何也?"孟子曰:"不敢也。诸侯失国而后托于诸侯,礼也;士之托于诸侯,非礼也。"
> 万章曰:"君馈之粟,则受之乎?"曰:"受之。"
> "受之何义也?"曰:"君之于氓也,固周之。"
> 曰:"周之则受,赐之则不受,何也?"曰:"不敢也。"
> 曰:"敢问其'不敢',何也?"曰:"抱关击柝者,皆有常职以食于上;无常职而赐于上者,以为不恭也。"

这里谈"托"的问题,"托"就是寄托、寄附的意思。后世对于侨居在外地的人,两千多年来,习惯上都称他们"寓公";尤其是国王,寄托在外面的,都算是寄居。但是,在中国传统文化的古礼上,"士之不托诸侯",知识分子是不能靠他国的诸侯生活的。因为一个知识分子,代表自己国家的文化精神,如果国家有问题而寄居在外,不能依赖别国的诸侯而生存。现在万章问,这是什么道理?

孟子说:"不敢也",中国上古文化精神,如果一个诸侯失国——所谓失国,是一个国家出了问题,丢掉了,这个国家的诸侯,离开了自己的国境,而寄住在别个诸侯之国,如果那是兄弟之邦,这样还是合礼的。因为一个诸侯虽然失国,仍然代表自己祖宗的宗庙,还要筹划复国的,因而"托于诸侯",这是合于古礼的。而"士",就是一个知识分子,代表的是祖国文化的精神,如果依赖于别国的诸侯,这是不合礼的,所以不可以,一定要自己求生存。

万章又问:"君馈之粟,则受之乎?"这句话问得很含糊,没有说明受者是一个"士",抑或是一个失国的诸侯。只是说,当上面的国君赠送谷米时,接受不接受?孟子说:这种馈赠,可以接受。

万章又问:士之托于诸侯,尚且非礼;而今可以接受国家的馈赠,这又是什么道理?

孟子说:这是不同的两件事。一个国家的领导人,见到下面任何一个老百姓有痛苦、有困难,一定要救济的;在现代说来,社会福利救济,是要照顾国境内的每一个人,所以国君给的,都要接受。这就像一个家庭中,给儿孙们的,都要接受,因为长辈对晚辈有照顾的责任。尤其一国的领袖,对全国老百姓都要照顾;在一个机构中,负责人同样要照顾到全机构的每一个同仁。

万章说:国君的救济可以接受,赏赐却不能接受了,这又是什么道理?这种情形,我们今日看来,也觉得莫名其妙。其实中国古礼的逻辑是非常严谨的,这也是生活的规范。以现代的情形来做譬喻,比如越南阮文绍政府有人来到台湾地区,我们当局救济他,他可以接受;如果我们最高当局,对他特别地"赏赐",

在我国古礼上说，他不敢接受。

万章说：我斗胆再请问老师，他为什么不敢接受？

孟子说：任何一个人，都应该有自己谋生的技能，这是中国上古文化的精神，现代也如此。古代像孔子与孟子，为了生活，什么职业都做。前面曾说过，孔子为了生活，当过会计，也管过牛羊，那是他为了谋个人的生活。但是若要他出来当宰相做官，这是社会、国家、天下事，关系到人类祸福的事，他可要慎重考虑了。因为这是截然不同的两回事，所以要以两种方法来处理。但后世的人，将事业与职业混为一谈，有的官做得大、地位高的，不一定在做事业；有的人没有做官，在政治上没有地位，但他是在为社会、为国家、为天下、为人类，乃至为未来的千秋万代而建立不朽的事业。而他的职业，可能只是挑葱卖蒜的小民，与他的事业、人格并无关系。所以给人看门、守夜、做清洁工的，都是他谋生的正当职业，如果没有正当的谋生职业，只是依赖上面的赏赐，则不可。

同样的道理，假如无职业，而靠政府的赏赐或他人的救济过日子，就是"不恭"，是对自己不恭敬，对人生的观念搞不清楚。人有头脑、有身体四肢，应该尽力靠自己活下去，不可以完全依赖别人生活。

供养　培养　畜养

曰："君馈之，则受之；不识可常继乎？"

曰："缪公之于子思也，亟问，亟馈鼎肉，子思不悦；于卒也，摽使者出诸大门之外，北面稽首，再拜而不受，曰：'今而后，知君之犬马畜伋！'盖自是，台无馈也。悦贤不能举，又不能养也，可谓悦贤乎？"

曰："敢问国君欲养君子，如何斯可谓养矣？"

曰："以君命将之，再拜稽首而受；其后廪人继粟，庖人继肉，不以君命将之。子思以为鼎肉使己仆仆尔亟拜也，非养君子之道也。尧之于舜也，使其子九男事之，二女女焉，百官牛羊食廪备，以养舜于畎亩之中，后举而加诸上位，故曰：王公之尊贤者也。"

孟子他们师生二人，还在继续辩论这个问题。万章说：上面如果有馈送，就接受下来，这样经常的接受，可不可以呢？实际上这种辩论，万章是针对老师说的话，希望孟子接受别国君主的帮助，为什么不要呢？

孟子举出鲁国的末代君主缪公为例，对于孔子的孙子子思的事，加以说明。缪公经常派人问候子思，也经常送一些好吃的东西给他。子思最初收到这些东西的时候，基于礼貌而接受了；到后来，缪公常常送东西，子思就不敢再接受了。但是他对国君还是不失礼貌，依照对君主、尊长、祖先、父母的古礼，朝着北方，遥遥磕头再拜，表示谢意。子思并且说：现在才知道，我的国君常常这样派人来问候，又常送东西来，并不是尊敬我，只是在养我罢了。因此他告诉送东西来的人，回去报告缪公，以后不要再送东西来了。所以从此以后，国君就没有再用这种方式送东西了。

孟子说：这件事的道理是，鲁缪公如果认为子思是一个贤人而欣赏子思，为什么不交事给子思做？或者把子思当做一般平民，亦无不可;又为什么对子思在表面上如此有礼,好东西不断送来,但却既不见面,也不向子思请教?这就不是"悦贤"之礼了。

从孟子所举子思的史实,就知古代的中国文化,在士的行为上,首先应该建立自己的人格,也就是说,一个读书人要有良好的人品。生活固然重要,但丧失人品、气节的生活是不能接受的。又所谓"尊者赐,不敢辞",像子思的情形并不适用,因为子思不是鲁缪公的臣子。

如大家所熟知,孟尝君门下三千客,所谓好客、养士,但实质上是以"犬马畜之",有钱的人没事做,找些人来玩、谈话。在清朝的时候,这类被养的人,被称为"清客"或"门客",他们尚清谈,做事则懒洋洋的。像明末一位很有名的陈眉公,学问很好,著作很多,也有功名,可是不出来做官。但在清初的王公大臣们的筵席上,经常有他在座,所以名气很大。当时恭维他的人也很多,但也有人反对他。有一个才子因为反对他,曾经作了一首诗讽刺他,最后两句说:"翩然一只云中鹤,飞去飞来宰相衙。"

像这类清客、门客,历代都有,现在也有些老板,尤其是小开(小老板)之类的,专门有一群人陪着去喝咖啡、逛夜总会、上舞厅的。这些人可算是现代清客,在清朝的小说中,又称他们为"篾片",就是拿在手里玩玩的。像二三十年前,有些中外军人,虽然并不骑马,却终日手执一根马鞭,拿着玩的。古代的养士之风,致使知识分子往往成为人家座上的清客,因为在清谈的时候,需要他来调剂情调。

司马迁在《史记》中,写了司马相如与卓文君的恋爱故事。大家都知道,司马相如因为文学好,后来做了官,当时文学好的人不少，汉武帝都给他们官做。司马迁在结论里说，"以优伶畜之"，这句话将历代皇帝都说尽了。例如清朝的翰林院，皇帝把那些翰林们当歌女、戏子一般来养着，皇帝高兴了，就找他们来，作作文章、吟吟诗，娱乐一番；不高兴的时候，就养在那里，反正给很高的名位，翰林们也乐得清高自赏。

李白的清平调

像李白那么好的学问，在唐明皇的心目中，不也是"以优伶畜之"吗？有一次唐明皇喝醉了，和杨贵妃两人在沉香亭赏牡丹、喝酒，玩得高兴的时候，就吩咐太监去找李白来作诗，著名的"清平调"就是在这种情形下作的。李白后来的遭遇不好，就是因为他懂这一套，所以当太监奉皇帝的命令去请他时，他故意喝得醉醺醺的，可是谁知他是真醉还是装醉？问唐明皇找他干什么？唐明皇要他作歌，他要求皇帝命令杨贵妃为他磨墨，最得宠的太监高力士替他脱靴，这时唐明皇正在兴头上，就答应了他的要求。于是他作了三首清平调：

云想衣裳花想容　　春风拂槛露华浓
若非群玉山头见　　会向瑶台月下逢

一枝红艳露凝香　　云雨巫山枉断肠
借问汉宫谁得似　　可怜飞燕倚新妆

名花倾国两相欢　　常得君王带笑看

解释春风无限恨　　沉香亭北倚栏杆

李白作完了这三首诗,把笔随便一抛,唐明皇看他诗作得好,立即叫人把笔拾起来,留着做纪念,并且叫乐工们来配歌谱。

当时,杨贵妃、高力士两人侍候这醉鬼老半天,当然心里恨得牙痒痒的,可是这时唐明皇正在高兴的时候,又正在大加赞赏李白,所以有气也发不出来。而且乐工一配上曲谱,由杨贵妃唱出来,非常好听,尤其诗中的句子,实在写得好。像"云想衣裳花想容"这一句,就是描写杨贵妃的美丽,意思是说:看到天上的云彩,就会想到杨贵妃所穿的衣服,是那么高贵、华丽、飘逸、雅致、多姿多彩;看到牡丹花,就想到杨贵妃容颜的艳丽、亭匀、娇媚、温柔,花也为之逊色;真是马屁拍到了心里!所以杨贵妃也非常高兴,简直沉醉在李白的诗句中,吟唱不已。

最后,高力士劝杨贵妃不要唱了,告诉她这是李白骂她的,他说李白的诗中"可怜飞燕倚新妆",把你比做赵飞燕,而赵飞燕是祸国的妃子呀!他诗中又说"名花倾国两相欢",也是说你美是很美,可是这美是要倾国的呀!杨贵妃听他这么一说,再也不唱清平调了,从此李白也就慢慢倒霉了。可是李白是否有意骂她呢?这是心理上的问题,很难找到客观的证据下论断。但依据当时的客观情形看来,李白很可能是故意借酒装疯,作诗暗中影射的。

从这些历史上的故事看来,帝王们对于一些文学家、艺术家们,的确是"以优伶畜之",给他们官做,养着他们好玩的。

我们由历史上的许多故事,就看穿了历史上的这些内情。再看孟子，他是引用子思的话来答复万章的，可见司马迁写《史记》，也是看穿了上下古今的历史，原来不过如此而已。而这一思想的启发，在孟子之前，子思就已经说出来了："*今而后，知君之犬马畜伋！*"你鲁缪公心目中，不过把我（伋）当宠物一样看待，养着玩玩的。如同现代人养什么北京狗、贵宾狗、腊肠狗似的，物质的待遇是很高，但没有真正的礼貌与恭敬心。

万章一听孟老夫子这样答复，把话说到正题上了，也越说越明了，于是就问：假使一个国君，"*欲养君子*"，要怎样才算合礼呢？

万章这句话里的"养"字，应该做"供养"解释。"供养"是下养上，恭敬地养，是合礼的。上对下的养是"培养""抚养"，那就不必太讲究礼貌了。如果既不是供养，又不是培养或抚养的另外一种"养"，那就属于很难听的"畜养"了，就像家里养一只哈巴狗一样，所以就叫做"畜养"。

孟子说：以子思这件事来说，第一次君王赏识他，对他恭敬，以师礼待他，因为鲁缪公是国家的君主，子思不能失礼，所以再拜以后接受。这样一来，后面跟着送东西的人可多了，以现代官制来比喻，就是英国的首相、美国的国务卿、政府的"行政院长"，以及各院部会首长，听说女王或总统给某人送了东西，大家都纷纷跟着送。如此一来，子思先生对于这些人，虽不下跪，至少要作揖，于是天天站在门口迎迎送送，打恭作揖都来不及了，这简直是侮辱人。这是孟子用子思的故事，来说明人情世态的一面。

赵州和尚的待人处世

在佛家禅宗记载中，也有类似的故事。唐代的著名禅宗大师赵州和尚，皈依他的弟子很多，当时唐代的一位宗室赵王，王府就在赵州，他也皈依了赵州和尚。有一天，赵王来看赵州和尚，他正在打坐，有人向他报告王爷来了，他闭着眼睛打他的坐，直等这位王爷到了他的面前，他才张开眼睛说：你来了，请坐！他是以对待弟子的态度接待这位王爷的。但他仍然讲了两句客气话："自小持斋身已老，见人无力下禅床。"尽他当师父的一份礼貌。赵王当然说，师父你不要客气了，我们做弟子的应该来拜候你的。

王爷回去后，第二天派王府的太监送了许多东西来，小和尚在山门外远远看见，赶紧报告师父。赵州和尚听了立即赶出山门外老远去迎接，还请那位送东西来的小太监吃素斋，说不定还送一个红包。小和尚们看到这情形，还误会这位师父太势利了，前天王爷来，没有带礼物，连禅床也不下；今日听见送了许多东西来，对一个小太监竟如此客气。等客人走后，小和尚便问师父，您这样做法是什么道理？赵州和尚说，你们这些人，真是不懂事，要知道阎王易见，小鬼难缠啊！这些小人，如果不好好接待，回去乱说一顿，可真会破坏我和赵王之间的道义之交啊！

赵州和尚就是如此透彻了解人情世故！所以佛家说，先要透彻人情世故，方能做一个出家人。当然，懂佛法的出家人，一定懂世法；不通世法的人，也一定不通佛法，这有一定的道理。

子思也是这样，国君待他以师礼，送东西来，他可以说，放在这里吧!而其他的人送来,他就不好意思这样说了;纵然不一定到大门外去接,至少在客人离开时,总得送到门外,打恭作揖道谢。也许还要等他上了车,关上车门,发动马达起步以后,才回身进门。在这种情况下,如果碰到烈日或雨雪的天气,就更受不了,子思认为,这样"非养君子之道",所以只好连国君送的礼也辞谢不收了。

孟子这段话,就是说明人生处世的分寸和道理。一个人处世,要有一定的分寸,多一分不可,少一分也不可,也就是一般人说的规矩、人格、风范。换言之,做人做事,要有一定的范围标准,同样一件事,在不同的时间、不同的空间,对不同的人物,处理的方式,也是不相同的。

孟子说到这里,也等于批驳了万章,并且坚持自己的文化精神,绝对不可以马虎。

舜所受的培养

所以说,真正的养士,像上古时尧之对于舜,才是养士,是培养继承人的实际做法。

今日凡是为人长上的,老师也好,校长也好,大主管也好,乃至于家长,都要注意尧当时培养舜的道理。

孟子继续说,"尧之于舜也,使其子九男事之",尧有九个儿子,都交给舜指挥,跟着舜做事;并将两个女儿,不分大小,一起嫁给他。而且,不但为他解决了生活问题,还选拔了许多干部听他指挥,管理各种各样的事务。当时是在大禹治水之前,遍地洪水,农业还没有奠定基础,仍是半农半牧的农牧时代,牛羊畜类，为重要的生活资源。所以尧给舜安排的牛羊、仓廪，等等，一切重要的生产资源、经济设施都完备。换言之，给他房子、车子，也有家室、有干部、有生活资粮、有生产设备，一切都为他准备了。而这时舜的身份，既不是政府的顾问，也不是参议，更不是师长，只是一个普通的老百姓，尧只是委托他为额外的私人助理，处理一些事情而已。这就是培养，现代的名词为训练。

"训练"一词，最初出于日本明治维新时代的术语，几十年前有前辈们说，"训练"这两个字不能用，因为在日本是用之于养马、养狗，对动物才叫做训练，对人怎么可以说训练？"训"字已经不大好了，再加一个"练"字，更不恰当。所以尧这样对舜，不能说是训练，而是培养历练，使他增加经验。

尧培养舜，等他处理政治的经验够了，后来就"举"，提拔他，把高的位置给他。最初只是作为私人助理，没有位置，因为官职是国家的名器，给他位置，就是给他权力；而私人助理不一定有权力，等到他经验够了，才给他权力处理事务。后来一步一步，给他二三十年的时间，累积经验，一直到尧一百多岁时，自己精力实在不够了，才把帝位让给他。

所以孟子结论说，"王公之尊贤者也"，为国家培养人才，以国家养士之道来说，有地位的人，就是应该这样尊重道德、人品、学问好的知识分子。

现代的知识分子，又算什么呢？只要报上登一个小广告，征求人才，随便一个小职位，也许只是一个抄写的工作，应征的常有百把人，说不定大学毕业生有一半。在一个失业者来说，抱了满怀希望，拉长了颈子等待，结果只有一人入选，而百多人又堕入失望的深渊，甚至有的征才单位，连回音也没有，让人长期地处在等待的痛苦之中。由此看来,今日的知识分子,是多么悲哀。

所以现代教育,的确要注重职业教育,因为一般普通教育,学生们在大学毕业以后,谋生技能都没有,吹牛的本事却很大。今日的青年应该知道,时代不同了,职业重于一切,去解决自己生活的问题,必须自己先站得起来,能够独立谋生。学问与职业是两回事,不管从事任何职业,都可以做自己的学问,不然,大学毕业以后,"眼高于顶,命薄如纸"八个字,就注定了命运。自认为是大学毕业生,什么事都看不上眼,命运还不如乞丐;没有谋生的技能,就如此眼高手低,那是很糟的,时代已经不允许这样了。

见国君的条件

万章曰:"敢问不见诸侯,何义也?"

孟子曰:"在国曰市井之臣,在野曰草莽之臣,皆谓庶人。庶人不传质为臣,不敢见于诸侯,礼也。"

他们师生的辩论,一直没完,还在继续下去。而且万章的问题,也越来越直接,他问:老师,你周游列国,到每一个国家,都不去拜访他们的国君,这又是什么意思呢?

孟子说:一个人寄居在别的国家,只是一个普通市民而已,并且没有官位、职务,等于散居在田野草莽之中的人。虽然国籍不同,总是居留在这个国家中的一个居民,不能够俨然像这个国家的高级干部一样去见国君。换言之,没有去见国君的身份,也就没有这个责任和义务,更没有这个必要,所以不去见他们的国君,这是古礼,并没有错。

万章曰:"庶人,召之役,则往役;君欲见之,召之,则不往见之;何也?"

曰:"往役,义也;往见,不义也。且君之欲见之也,何为也哉?"曰:"为其多闻也,为其贤也。"

曰:"为其多闻也,则天子不召师,而况诸侯乎?为其贤也,则吾未闻欲见贤而召之也。缪公亟见于子思曰:'古千乘之国以友士,何如?'子思不悦曰:'古之人有言,曰事之云乎,岂曰友之云乎?'子思之不悦也,岂不曰:'以位,则子君也,我臣也,何敢与君友也?以德,则子事我者也,奚可以与我友?'千乘之君,求与之友而不可得也,而况可召与?"

万章说:那么好了,你自己说的,居住在那里,算是那里的一个市民,国家有命令要你服役,或做某一件事,必须要听命令。现在国君要召见你,派人叫你去见面,而你借口生病等原因而不去,这又是为了什么呢?

孟子说:在客居的国家,虽然国籍不同,但"往役,义也",为社会服务是应该的;"往见,不义也",至于国君召见,就应召去见了,好像是为了谋图一官半职似的,这是不合理的,所以不可以去见。再说,你们的国君,又是为了什么要召见我呢?

万章说:可能是知道老师你学问渊博、多闻广见,为了向你请教;也可能是为了老师你道德高尚,有所心仪,想跟你见见面。

孟子说：假如说是为了我学问渊博，有事想要问我，那是向我请教，按照中国的古礼，就算是天子，也不能下命令召见老师，这是传统文化的师道尊严；更何况你们齐国的国君，还只是一个诸侯，假如他认为我有道德，也不可以下令召见，从来没有听说曾有国君下命令去召一个贤者的。

接着他又举出历史上的事例来说明，就是鲁国缪公与子思的故事。

在春秋战国时代的诸侯们，都是讲权力、威势的，对人所持的态度，都是"老子我的威权大"，都是以气势凌人的。不过，孔孟始终维持着中国传统文化中知识分子的气节与道德，并且建立人格的教育。虽然，鲁缪公想见子思的时候，也是用召见的姿态，所以子思不去见。

鲁缪公派人来对子思试探性地询问说：古代千乘之国——约等于现在一个省大小的诸侯——想和一个有学问、有道德的知识分子做朋友，在上古的礼制上，是怎样说的？子思很不高兴地说：古时候的人只曾经说过：有一件事情，要请一个知识分子去做，把权力交给他，给他一个职位去做事，哪里有说做朋友的？

孟子说，子思的不高兴是有理由的，他那样引用古人的话做答复，就等于说：如果以地位来说，是位置不适当，你鲁缪公是一国之君，我只是一个普通老百姓，是你的臣民，当然不敢和你做朋友，应该守你的政令，听你的管束。如果说你是认为我有品德，学问好，而想和我交往，那对不起，你虽然是国君，想跟我学习，那我是老师，你又怎么可以说要与我做朋友呢？

于是孟子说：这样看起来，以一个千乘之国的国君，想和子思做朋友都不行，更何况是召唤他呢？

他举出子思这一段史实，来答复万章"召之，则不往见之，何也"的问题；换言之，也等于对万章说，你们的国君想召见我，他算老几？我又是老几？他像叫唤家里的狗一样："来福，过来！"我就会去吗？这是不可以的。

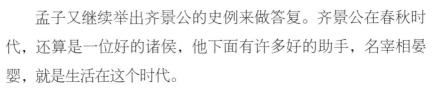

孟子又继续举出齐景公的史例来做答复。齐景公在春秋时代，还算是一位好的诸侯，他下面有许多好的助手，名宰相晏婴，就是生活在这个时代。

礼的重要

"齐景公田，招虞人以旌，不至，将杀之。'志士不忘在沟壑，勇士不忘丧其元。'孔子奚取焉？取非其招不往也。"

曰："敢问招虞人何以？"

曰："以皮冠。庶人以旃，士以旂，大夫以旌。以大夫之招招虞人，虞人死不敢往；以士之招招庶人，庶人岂敢往哉？况乎以不贤人之招招贤人乎！欲见贤人而不以其道，犹欲其入而闭之门也。夫义，路也；礼，门也；惟君子能由是路、出入是门也。《诗》云：'周道如砥，其直如矢；君之所履，小人所视。'"

万章曰："孔子，君命召，不俟驾而行；然则孔子非与？"

曰："孔子当仕有官职，而以其官召之也。"

在这段书里，"志士不忘在沟壑，勇士不忘丧其元"这两句话，是中国文化的名言。中国人几千年来的民族精神，和这两句话很有关系，大家千万要记住。

孟子说：齐景公准备去打猎，出发前，下命令召见"虞人"，就是负责照管园林野生动植物的人。可是他用的号令是召唤大夫的"旌"，所以这个园长不听命令，他没有来。齐景公认为他抗命，生气了，要把这个园长杀掉。可是晏婴在旁边说话了，他说不可以杀园长，因为没有理由。古代的大臣们，遇到意见不同时，常常当面与皇帝争论。齐景公说他不听命令，当然要杀他；晏子说，你是用什么信符去召唤他的？齐景公说：以"旌"呀！晏子说：你要打仗吗？为什么用召三军统帅的信符去命令他？召唤园长是用羊皮帽做信符的呀！齐景公知道自己用错了信符，立刻改用皮帽子，那个园主一看到就来了。

所以古人对于礼非常重视。礼就是国家社会的制度，是不允许破坏的，上自国君，下至老百姓，都要共同遵守，也等于后世法治时代所谓的"不成文法"。

在古代，像这位虞人召而不到，很可能就被杀了，不但帝王有此权力，就是大臣、大将，也有这种权力，一直到清朝时代，仍然如此。如清朝雍正时代的征西名将权臣年羹尧，是由老师培养出来的，他对老师非常尊敬，后来他对儿子的教育也极为重视，在家教的书房门口写了一副对联："不敬师尊天诛地灭，误人子弟男盗女娼"。相传每次吃饭时，即使在公务百忙中，他也一定要陪着儿子的家庭教师一起吃。这位老师欢喜吃豆腐，有一次，吃豆腐不小心烫了嘴，年羹尧怒目向侍候的人瞪了一眼。不一会佣人送上一个盘子，上面放的是厨房一名厨师的人头，把这位家庭教师吓得饭也吃不下了。这是年羹尧过分使用权力了，但从中可以看到过去帝王时代,权力人物的威势,就有如此严重。

转回来说被齐景公以"旌"呼召的那个虞人,并非不知道不接受命令的结果极可能被杀,但他为了坚守礼制,情愿冒生命的危险,因此孟子说:中国的知识分子,当他有志于国家天下、救世救人时,那么他做人做事,随时要准备穷死、饿死、困难死,也就是为文化、为学问、为理想而死。就像梁启超有两句诗所说的:"求仁得仁有何怨,老死何妨死路旁。"梁启超此人如何,在此姑不置评,但这两句诗,也就道出了一个读书人的气节,表示他在戊戌政变时,是准备随时赴死的。日本有一个和尚的诗:"埋骨何须桑梓地,人间到处有青山。"也是同样的意思。譬如蒋中正,因为他在日本念书时,知道日本人的这种精神,所以他在训练军队时,常引用这两句诗。而这首诗,原是日本一个和尚到中国来学禅,出门时所写的,全诗是——

男儿立志出乡关　　学不成名誓不还
埋骨何须桑梓地　　人间到处有青山

日本明治维新以后,全国人民以这首诗作为他们大和民族的精神。而梁启超的诗则是较晚所写,两者的精神都是一样。但是,这种精神,最初则是见诸两千多年前《孟子》这里所说的"**志士不忘在沟壑,勇士不忘丧其元**"两句话。所以中国文化中,一个知识分子,如果不准备寂寞穷困一生,而想建立文化的精神与人格,的确是非常困难的。因为许多人见到富贵,人格就动摇了;但是一个勇敢的人,或侠义之士,喜欢打抱不平,喜欢仗义的人,却准备随时"**丧其元**"——丢了脑袋。所以作为一个中国文化中的忠臣义士，是要准备随时牺牲生命的。

孟子这里举出来齐景公的错误，而一个虞人，宁愿冒死亡的危险，去纠正国君的错误，目的在使自己的国君成为历史上的名王，而自己并无私心；同时也使自己国家的国民知道遵守礼制，所以他准备牺牲，而不听这个命令。孟子这两句话，也就成了后世知识分子的精神标杆了。

孟子对于齐景公与这个虞人之间的故事也非常赞叹。孟子赞叹的重点，并不是虞人不听命令，而是赞叹他所以不听命令的精神基础。也就是说，他宁可舍生取义，以维护文化精神与国家制度的情操。

万章又问：上古时候，国君呼召虞人，真正的礼制，应该用什么作信符？

孟子说：用"皮冠"。上古帝王出来打猎的时候，换戴另一种帽子。中国古人戴的帽子，等于现代军人的阶级，以不同质料与形状的帽子，表明身份地位。帝王在打猎的时候，换戴皮冠，所以召虞人用皮冠，召庶人用"旃"，召士用"旂"，召大夫用"旌"。

"旃""旂""旌"这三种东西，都是古代旗帜一类的标志，而形状与质料有所不同。"旃"是用帛练制成旒，像古代皇冠上垂下来的冕旒的样子，共有十二个，镶缝在旗边而垂下来的。"旂"是在旗上画龙，并且有铃，旗边也镶缝十二个旒。"旌"，则是在旗杆的顶上，悬挂五彩羽毛撕成的穗子，也有人叫缨子，状如苏武牧羊绘图中苏武手中所持符节上的那种穗子，这种旗则称为"旌"。

孟子对于上古的制度，好像一部活辞典似的，一一答复出来，可见他满腹的学问，是实用的学问，而且不是普通的学问。

如果一个国家请他办事，他立即可以将制度规章建立起来，根本不必多加考虑。古时候士大夫的学问，这些都是重要的部分。

孟子列举了这些礼制后说：所以，齐景公错了！以对大夫这么高级干部的礼仪，用到一个虞人——公园园长身上，所以这个虞人宁死也不从命，他是对的。同样道理，以召士的标帜去召老百姓，老百姓也不敢随便接受。况且你们现在的国君，下达一个命令要我去看他，随便叫一声，我就要去吗？对不起，我不会去的。因为一个国君想见一位贤人，召见的方法不合规矩、不合礼仪、不守制度，等于是一方面请我去，一方面自己又把门关了起来。

他又说：义，合乎道理是道路；而礼仪是大门，只有君子走这条大路，进出这个大门。《诗经》上记载说：周朝文化鼎盛的时候，不论政治制度、文化精神，在文王、武王建国时，像宽阔、平坦、坚固的大道一样，而且像射出去的箭一样，是笔直的，不转弯的。所以君子所走的路，就是这样的坦直大道，小人则仰望着去效法。

万章这个学生很厉害，当孟子说到这里的时候，他又问了。他抬出了孟子最佩服的孔子来，指出在《论语》中记载孔子生活行为的《乡党》篇中所说的一件事，他说：鲁国的国君下命令召孔子，孔子不等到车子准备好，立刻就跑路赶去了，依你的说法，孔子也不合礼制了。

孟子说：你又错了，孔子是鲁国的司寇，他有官职在身，所以"君命召，不俟驾而行"，他并不是普通的老百姓，也不是在他晚年闲居读书的时候；他那时有官职在身，负有责任，所以非去不可。

读书万卷　神交古人

孟子谓万章曰："一乡之善士，斯友一乡之善士；一国之善士，斯友一国之善士；天下之善士，斯友天下之善士。以友天下之善士为未足，又尚论古之人。颂其诗，读其书，不知其人，可乎？是以论其世也。是尚友也。"

孟子最后告诉万章说：人交朋友，一定是意气相投，看到对方，也知道对方交的是什么朋友；看到对方交什么朋友，也可以知道对方是何等样人。一乡的善士，他的朋友也是一乡的善士；一国的善士，他的朋友也是一国的善士；天下的善士，也一定去和天下的善士交朋友，范围慢慢扩大。但是一个真正的君子胸罗万象，尤其是一个好的国君，纵然与天下的善士交朋友，还是不能满足求贤、求善、求好的欲望，于是又与古人论交，那就是读古书。

我常劝青年多读古书，不要以为自己学问够了，所谓活到老学到老，学问经验永远不会够的。古人著书立说，累积了多年成功与失败的经验，穷毕生精力，到晚年出书，流传下来，我们如果不读古书，那才真是愚蠢，因为有便宜不知道捡。读了古书，就是历史的经验，是吸取古人付出辛酸血泪的数千年经验，供自己运用，所以何必自己去碰钉子，流血流汗，茹苦含辛再领悟出同样的经验呢？或者说，只是读他的书，而又看不见他的人，可以和他交上朋友吗？当然可以呀！我们由古书就看到他的时代背景了。例如读唐诗，就知道唐代之所以成其为唐代，那种淳厚、朴素、气魄，那是伟大，的确了不起！杜甫和李白的诗是好，而在文字技

万章章句下

巧上看来，似乎不如现代的诗；但现代的诗作就没有唐诗的风格与气势，尽管堆砌，也没有唐诗的那种精神与气魄。

看古董也是如此。一个几千年前的陶器，看起来似乎非常粗拙，远不如现代的陶器那么精致美丽。但现代陶器的精美，一眼看过去，就尽在这一眼之中，不耐久看；而一个古陶器放在面前，它的粗拙中，就越看越有意思、有气势、有韵味，有一种盎然的、深远的精神。

诗到了宋朝，如"云淡风轻近午天"，也的确是好诗，但只那么轻轻淡淡的，就没有唐诗的那一种浓郁情怀。后世下来，明诗、清诗更加不同了。文学如此，文化也如此，试看历代人物，气度、政治的制度，一看就知道，一代有一代的味道。过去历代都有不同，也是循历史的痕迹，渐渐变易而来的，所以从历史渐变的轨迹中，也就可以看到未来发展的方向，这就是"尚论古之人"，与古人交朋友的道理。

清代中兴名臣左宗棠，在未得志前连吃饭也成问题，但他的书房就有一副对联："读书万卷，神交古人"，这种胸襟，这种抱负，是年轻人应该效法的，这就是"尚友"，也是与古人交朋友的意思。中国有一部古书名《尚友录》，现在改编为《中国历代名人辞典》。

孟子的真心话

下面是《万章》上、下篇的结论了。

孟子也和庄子一样幽默，在《离娄》上、下篇的总结论中，叙述了齐人一妻一妾乞讨祭余的故事，讽刺当时一些为权势利禄

奔走而不顾立身出处的人。这里《万章》最后的结论，他说自己的一段经历，表明他不出来就是不出来的态度，也是非常幽默而生动

> 齐宣王问卿。孟子曰："王何卿之问也？"
> 王曰："卿不同乎？"
> 曰："不同。有贵戚之卿，有异姓之卿。"
> 王曰："请问贵戚之卿？"
> 曰："君有大过则谏；反复之而不听，则易位。"
> 王勃然变乎色。曰："王勿异也。王问臣，臣不敢不以正对。"
> 王色定，然后请问"异姓之卿"。曰："君有过则谏；反复之而不听，则去。"

齐宣王有一天问孟子，关于"卿"这一官位的态度，应该怎样才合礼义？

"卿"是古代的官位，也可以代表最高的顾问，也可以代表国家的最高行政首长。如美国的国务卿——"国务卿"这名词，并不是我国的译文，最早翻译的是日本。有许多西方文字的名词，例如哲学、经济学，等等，都是由日本翻译过来，因为日本越古的文字，越多是我国的汉文字，所以我们中国人就随便捡过来用，成了二手货。

齐宣王这句话，问得非常严重，因为孟子曾经做过齐宣王的客卿。由于孟子是邹鲁人，不是齐国人，所以不是正式担任"卿"的位置。如果齐宣王正式用他为"卿"，他就变成齐国人

了。他这一问，等于和孟子开玩笑。

孟子反问他说：请问大王，您所谓"卿"，是问哪种卿？

齐宣王被他这一句反击过来，吓了一跳，孟子本来是渊博的，所以宣王心里有点虚了，便问孟子：卿，还有什么差别吗？

孟子说：有大大的不同，有一种是"贵戚之卿"，是由国君的同宗亲族来担任的。如殷商的箕子、比干、周的周公，都是"贵戚之卿"，另有一种是不同姓的卿。

于是齐宣王问：就"贵戚之卿"而论，该当如何？

孟子说：如果国君有了大过错，"贵戚之卿"就要拼命劝阻，经过一再劝阻，这个国君仍不听的话，就是国君的不对了，那么就对不起，请这位国君下来，换个位置，由别人上来。

齐宣王一听这样的话，脸色都变了，也许发青了，当然，孟子气定神闲，坐在那里稳稳不动。齐宣王到底是一国之君，有他的修养气度，片刻过后，发觉自己神色不对，未免失态、失礼，现代说有失风度，所以态度又平和一点。

孟子却轻松地说：大王，你不要以为奇怪，你既然问起这个问题，我可不能和你说歪理，我是说的直话、正话。

孟子这样一说，齐宣王的神色完全变回正常了，然后又问"异姓之卿"该如何？

孟子说："异姓之卿"，对于国君有过错，也是拼命劝告，如再不接受，对不起，下台一鞠躬，我要回家了。

这结论多妙！

所以读古书，要接连着读，就可以读出它的真正含义与精神所在了。如果依照宋儒这些古人所圈断的割裂地去读，那就不是《孟子》，而是"懵子"，越读脑子越懵懂了。

南怀瑾先生著述目录

1. 禅海蠡测 （一九五五）
2. 楞严大义今释 （一九六〇）
3. 楞伽大义今释 （一九六五）
4. 禅与道概论 （一九六八）
5. 维摩精舍丛书 （一九七〇）
6. 静坐修道与长生不老 （一九七三）
7. 禅话 （一九七三）
8. 习禅录影 （一九七六）
9. 论语别裁（上） （一九七六）
10. 论语别裁（下） （一九七六）
11. 新旧的一代 （一九七七）
12. 定慧初修 （一九八三）
13. 金粟轩诗词楹联诗话合编 （一九八四）
14. 孟子旁通 （一九八四）
15. 历史的经验 （一九八五）
16. 道家密宗与东方神秘学 （一九八五）
17. 习禅散记 （一九八六）
18. 中国文化泛言（原名"序集"） （一九八六）
19. 一个学佛者的基本信念 （一九八六）

20. 禅观正脉研究　（一九八六）

21. 老子他说　（一九八七）

22. 易经杂说　（一九八七）

23. 中国佛教发展史略述　（一九八七）

24. 中国道教发展史略述　（一九八七）

25. 金粟轩纪年诗初集　（一九八七）

26. 如何修证佛法　（一九八九）

27. 易经系传别讲（上传）　（一九九一）

28. 易经系传别讲（下传）　（一九九一）

29. 圆觉经略说　（一九九二）

30. 金刚经说什么　（一九九二）

31. 药师经的济世观　（一九九五）

32. 原本大学微言（上）　（一九九八）

33. 原本大学微言（下）　（一九九八）

34. 现代学佛者修证对话（上）　（二〇〇三）

35. 现代学佛者修证对话（下）　（二〇〇四）

36. 花雨满天　维摩说法（上下册）　（二〇〇五）

37. 庄子諵譁（上下册）　（二〇〇六）

38. 南怀瑾与彼得·圣吉　（二〇〇六）

39. 南怀瑾讲演录二〇〇四—二〇〇六　（二〇〇七）

40. 与国际跨领域领导人谈话　（二〇〇七）

41. 人生的起点和终站　（二〇〇七）

42. 答问青壮年参禅者　（二〇〇七）

43. 小言黄帝内经与生命科学　（二〇〇八）

44. 禅与生命的认知初讲　（二〇〇八）

45. 漫谈中国文化　（二〇〇八）

46. 我说参同契（上册）　（二〇〇九）

47. 我说参同契（中册）　（二〇〇九）

48. 我说参同契（下册）　（二〇〇九）

49. 老子他说续集　（二〇〇九）

50. 列子臆说（上册）　（二〇一〇）

51. 列子臆说（中册）　（二〇一〇）

52. 列子臆说（下册）　（二〇一〇）

53. 孟子与公孙丑　（二〇一一）

54. 瑜伽师地论　声闻地讲录（上册）　（二〇一二）

55. 瑜伽师地论　声闻地讲录（下册）　（二〇一二）

56. 廿一世纪初的前言后语（上册）　（二〇一二）

57. 廿一世纪初的前言后语（下册）　（二〇一二）

58. 孟子与离娄　（二〇一二）

59. 孟子与万章　（二〇一二）

60. 宗镜录略讲（卷一至五）　（二〇一三至二〇一五）

61. 南怀瑾禅学讲座（上）　（二〇一七）

打开微信,扫码观看
《复旦大学出版社南怀瑾著作出版纪程》视频

打开微信,扫码观看
南怀瑾先生授课原声视频

打开微信，扫码听南怀瑾著作有声书

《老子他说》有声书

《易经杂说》有声书

打开微信，扫码看南怀瑾著作电子书

《孟子旁通》电子书

《孟子与离娄》电子书

购买南怀瑾先生纸质图书，请打开淘宝，扫码登陆复旦大学出版社天猫旗舰店

图书在版编目(CIP)数据

孟子与万章/南怀瑾著述.—上海:复旦大学出版社,2017.8(2023.6重印)
ISBN 978-7-309-12988-5

Ⅰ.孟… Ⅱ.南… Ⅲ.①儒家②《孟子》-研究 Ⅳ.B222.55

中国版本图书馆 CIP 数据核字(2017)第 126051 号

孟子与万章
南怀瑾 著述
出 品 人/严 峰
责任编辑/邵 丹

复旦大学出版社有限公司出版发行
上海市国权路 579 号 邮编:200433
网址:fupnet@fudanpress.com http://www.fudanpress.com
门市零售:86-21-65102580 团体订购:86-21-65104505
出版部电话:86-21-65642845
上海四维数字图文有限公司

开本 787×960 1/16 印张 8.5 字数 90 千
2017 年 8 月第 1 版
2023 年 6 月第 1 版第 5 次印刷

ISBN 978-7-309-12988-5/B・607
定价:20.00 元

如有印装质量问题,请向复旦大学出版社有限公司出版部调换。
版权所有 侵权必究